広告業界という無法地帯へ

ダイジョーブかみんな？

前田将多――著
元電通コピーライター Shota Maeda

毎日新聞出版

広告業界という無法地帯へ

ダイジョーブかみんな?

前田将多 著

毎日新聞出版

はじめに

　私は二〇〇一年から十五年弱の間、電通に在籍して働いていた。主にコピーライターとして業務を行っていたが、広告の文面を考案したり、テレビCMを企画するのみでなく、街頭イベントの企画、懸賞キャンペーンの企画運営、海外展示会ブースのプロデュースなど様々な仕事に取り組んだ。電車の発車メロディーの制作もした。

　世間に誇れるような仕事は残していないのだけれど、電通社員では唯一「コラムニスト」という肩書を名刺に載せていて、どこの雑誌でも新聞でもなく、「月刊ショータ」という自分のウェブサイトに二〇〇三年から月イチでしょーもないコラムを書いていた。公私混同の肩書を許すとは、寛容な会社であった。

　やがて、私が四十歳を目前に退職したのち、新入社員の自殺が労災認定されて以降、長時間労働の問題がメディアによって照らし出された。二〇一六年十月に私が書いたコラム『広告業界という無法地帯へ』が異様な反響を見せた。

　私が入社する十年前にもあった若手社員の自殺も含め、電通の企業としての体質が問題視される中、私がそのコラムを書いた理由は、「広告業界外の人が、いかに問題の大局を見ることができないでいるか」ということに歯痒さを感じたからである。

少しでも電通に肩入れをするような文言を書けば、「電通擁護!」、「こいつは電通からカネをもらっているに違いない!」、「世論操作のための回し者!」などとあらぬことを言われる現代のネット社会において、少々の勇気がいるコラムではあったのだが、報道の着眼点と電通の会社としての対応の双方に目に余る部分があったので公開した。結果、電通及び電通以外の広告関係者、その他の業界で働く人たちから概ね賛意が寄せられ、胸を撫で下ろす思いであった。

この本は一本のコラムだけでは語り切れない、電通という巨大企業の現場と、広告業界の歪《いびつ》なところを、二十三本のコラムとして書き綴ったものである。一部は「月刊ショータ」に書いた過去のコラムを加筆修正したものである。

第一章では、普段は表に登場することが少ないため、世間からはおそらくミステリアスに思われているであろう、電通という企業について書いた。第二章は、広告業界の内側で今日も巻き起こっている、バカバカしい実態を描写する。第三章は、広告業界とそれ以外のビジネス社会にも共通する、どこかピントを外した日本人の働き方について指摘してみた。第四章は、働く人に少しは役に立つことを書きたいと思ったので、ご参考までにどうぞ……。

いわゆる「暴露本」を期待される読者の方には、購入をおすすめしない。

電通一社を叩いて何かが解決する、改善されるならそうしよう。しかし、現実はそうではない。電通をはじめとした日本中の広告会社、クライアント企業、制作会社など、全ての関係者が、一度立ち止まって己を顧みる時だと思う。

そして、もちろん、この問題がここまで大きな関心を得たのは、電通という見えてこない巨軀《きょく》、自殺した彼女の華やかな経歴と美貌以外にも、日本社会で働く誰もが突き付けられる課題を孕んでいたからであろう。

私に対する「こいつ、どんだけ電通に洗脳されているんだw」という批判をネットで目にして、私は鼻で笑った後にふと、「多少そうかも」と自身を振り返ることがあった。若い時に初めて入社した会社で教育され、その世界しか経験しないと、確かに染まっていってしまう部分はあったと思う。

そんな自省も込めて、広告業界を一歩離れた場所から眺めてみたのが本書である。

私は、「元電通」であることを売りにしながら、古巣に後ろ足で砂をかけるような者にはなりたくないと願っている。電通には恩もあれば、感謝の気持ちもある。それがあるからこそ、鈍《なまくら》な刃も向けたいと思う。

『広告業界という無法地帯へ　ダイジョーブか、みんな?』というタイトルは、この社会が異常性を帯びていることに気が付き始めた皆さんに向けて、私自身が付けたものだ。

笑覧いただき、一度立ち止まっていただく機会になれば、著者として幸いである。

広告業界という無法地帯へ　ダイジョーブか、みんな？

目次

第二章

ダイジョーブか、広告業界？——69

第三章

装幀　岩瀬聡
本文レイアウト／DTP　光邦
カバー写真　Getty Images

序章

広告業界という無法地帯へ

電通の新入社員が自殺して、超過勤務による労災と認定されたという出来事が、メディアで連日のように取り上げられた。若くして人生を諦めてしまった女性社員の無念と、ご家族の心痛と、友人や同僚たちの動揺を思うと、僕の心も穏やかではいられない。

僕は二〇〇一年に電通に入社し、十五年目で退職するまで関西支社に勤めていた。だから、二〇一五年の新入社員だった彼女とは勤務地も違えば、ほとんど入れ違いになっているため直接の知己ではない。だから、彼女の個人的なことに関しては何も知らないので、語るべき言葉を持たない。

しかし、電通という会社、広告業界という特殊な世界については、少し知っていることがある。

この件に関して、加えて二〇一六年春に話題になっていた五輪招致にまつわる贈賄疑惑、続くインターネットの空広告の不祥事についても、電通を擁護する気はない。

ただし、まず明確にしておきたいのは、電通はメディアの支配者でも、日本国の影の主権者でもないということだ。電通で働いたこともない人たち、電通の内部を知りもしない人たちが「電通というのは恐ろしい会社だ」、「日本を牛耳っている存在だ」、「悪の権化だ」と吹聴することに関して、社員たちがどのように思っているか。少なくとも僕は、「勝手に言っておけ。もっと言え」だ。

なぜなら、そのようにまことしやかに囁かれることは、業務上およそ不利には働かないからだ。「電通はなんか知らんがすごいらしい」、「電通ならやってくれる」という共同幻想が強化されるため、むしろ色んな仕事や相談事が舞い込んでくる。

旧ソ連のKGBみたいなものだ。週刊誌ライターをしている知人から聞いた話だが、ロシアに取材に行く外国人記者は「各人の行動や通信は当局に完全に監視されているらしい。KGB出身のプーチンが統治するロシアにはそれくらいの力があるはずだ。だから気を付けなくてはいけない」と思い込むという。

実際はKGBだろうと、現在のSVRだろうと、そのような隠然たる力があるわけはない。物理的に難しいことなのだ。しかし、ロシア政府関係者はそれを否定はしない。勝手に陰謀論を信じ込んでもらうことで不利益はほとんどないからだ。

かくして、電通にも様々な仕事や相談事が舞い込む。「雨を降らせろ」みたいな荒唐無稽なことは無理だが、「我が社のこの巨大プロジェクトを着地させよ」とか「これを×日までに作り上げろ」といった仕事なら、電通は大抵のことはやり遂げてしまう。その都度、社員や関係会社のスタッフは血反吐を吐くような思いをするのだが。

だから僕は「もっと言え」と思っていたのだが、「黙っとけ」と思うこともある。電通に長時間勤務の是正勧告が入ったことに対し、やれ「ブラック企業」だ「潰れてしまえ」だと、実情を何一つ知らずに全否定をして溜飲を下げる人たちにだ。

長時間勤務の問題は、電通上層部が何十年にもわたり頭を悩ませてきたことだ。

そこまで悩むならいい加減解決策を出せ、と言われるだろうが、そうはいかない。

理由の一つは、「電通は自社でモノを作って売っている会社ではない」ということだ。自社の工場を動かす会社なら、製造量を制限して「はい、ここまで」と電気を消して、社員を帰らせれば済むかもしれない。しかし、広告業界というのはクライアント企業から仕事を請けて初めて仕事が発生する受注産業である。

僕がいた頃でも、「残業は月◯◯時間まで」、「夜十時以降の残業をする際は、上長の承認を事前に受けること」などといった非現実的な規則が導入されていった。夜九時に営業から電話があって、「あの件、変更になった！　明日までに代案を出せって！」と言われたりしたなら、「上長の許可が得られませんので対応できません」と答えろとでも言うのだろうか。それを営業はクライアントにどのように伝えるというのか。また、営業は、そう言うコピーライターに次に仕事を頼みたいだろうか。

先人たちの努力により「大抵のことはやり遂げてくれる」との評価を築いた電通は、いつしか「どんな無理を言ってもいい存在」に成り下がってしまった。

日本企業の広告宣伝部、広報といった部署が重要視され肥大化する中で、広告主の発言力が際限なく大きくなってしまい、キーマンをあたかも神のように扱うのが広告業界の悪癖となってしまった。もちろん、靴を舐めるようにして増長を許してきた電通、博報堂をはじめ、各広告会社の責任も免れないだろう。拝跪《はいき》して言われたことを聞き、ノタ打ち回って仕事を完遂することが優れたサービスだとして競争してきた結果が、今日の姿だ。

電通の社員に灰皿を投げつける人、ボケカス無能と大声で面罵する人、そうやって高給取りの電通社員を足蹴にして悦に入るような人間が、日本のあちこちの企業にいる。あちこちにいて、今回の騒ぎについて知らぬ顔を決め込んでいる。

正月休みの前に課題を投げつけて、休み明けに提出させる。盆もそう、ゴールデンウィークもそう、週末もそう。

撮影済みで、編集も最終段階にかかろうかというテレビCMに対し、打合せにもいなかったエライさんが急に「気に喰わん。やり直せ」と言ってくる。エライさん本人が言ってくるなら、弁の立つ営業ないしクリエーティブ・ディレクターであれば、論理的説明、泣き落とし、詭弁、逆ギレ、屁理屈などなどあらゆる手を使って説得するかもしれない。しかし、現れもせずに部下にそう命じる卑怯者に打つ手はないのだ。

映画の中でもそうだろう。誰が誰に会う、誰にまず通す、というのは武士でもヤクザでもサラリーマンでも一定のルールがあり、身近な誰かの面目を潰すことはできないのだ。

いいですか、恐ろしいのは電通でもＮＨＫでも安倍政権でもない。どこにでもいる普通の人たちだ。自分の存在意義を誇示せんがために、他人の時間を奪うエライさんだ。自分の身がかわいくて、上司からの無理難題をそのまま下請けに押し付けるサラリーマンだ。それを唯々諾々と飲み込んで徹夜してしまう労働者たちだ。

無論、僕もその一人であり、何もできることなどなかった。できたのは、会社を辞めることくらいだ。

たまに命の危険を感じることがあった。

いつか頭の血管がプツッといって斃《たお》れるのではないかという予感。

これくらいが人間が働ける限界なのではないかという感触。

横になっても一睡もできずに朝を迎えることが週に二度起きた時には、医務室に行って薬をもらった。

なんでもストレスのせいにするのは好まないが、蕁麻疹、帯状疱疹、痔、下痢、顔面痙攣などなどはあった。

今だから言うが、アメフト出身で僕の体重の三倍くらいある営業とケンカになり、翌日「今日は殴り合いをせざるを得ないかもしれん。摑まれたら絞め殺されるので、こっちは刺し殺すしかない」と心に決めて、ナイフを尻のポケットに忍ばせて会社に行ったこともある。サラリーマンがここまで思い詰めて働かなあかんのか！

「夜十時以降の残業禁止」とか「電灯消すから帰れ」と、勝手に決めるのはカンタンだ。では、目の前の仕事と雑用をどうすればいいのか。出口ばかり塞がれても、入り口から流れ込んでくるものを制限しないと溢れ返るではないか。どの組織でもそうだろうが、仕事の大半は生み出す作業ではなく、捌くことだ。メールを、書類を、案件を。

クライアントは容赦なく「あれしろ」「これもしろ」「明日までに」「朝イチで」と申し付けてくる。営業は困っている。どうすればいいというのだ。

断っておくが、広告業界は酷い人間ばかりではない。

広告が面白くなくなったのは、上記の広告宣伝部の肥大化と消費者からのインネンを極度に恐れる日本企業の風潮のせいだ。

僕は、僕が関わる広告に「※CM上の演出です」と意味不明なキャプションを入れなくてはいけなくなったら会社を辞めようと決めていた。幸いにもそういうことはなかったのだが、ある時こういうことがあった。

詳細は伏せるが、「液体に映る模様が日本列島のような形を描いている」グラフィックを制作した際に、僕は日本の大きな四島以外を割愛した。というか、それ以外を描いていないことに疑問を持たなかった。あくまでも模様だから、沖縄も佐渡島もその他離島も、もっと言えば半島も正確には反映していなかった。

その広告が出た後に、「あのー、『愛国的な』方からご指摘がありましてね」とクライアントに呼び出された。僕は内容を聞いて「ごもっともだ」と思った。沖縄は県であり、何某《なにがし》かの形で描いておくべきだった。戦争を巡る本土と沖縄の人たちの微妙な気持ちのすれ違いも理解している。僕も愛国的な人間として、そこは見据えておくべきだったと自分を恥じたものである。

「で、その『日本の中に沖縄がないいうんはどういうことや？　おたくの会社は、沖縄を日本の一部と認めてへんいうことかえ』とおっしゃるその方にはなんと答えたのですか？」

僕はクライアントに尋ねた。彼の答えはなかなかのものだった。

「いえ、そんなことはございません。弊社は○○年より沖縄で××というイベントを開催していまして、沖縄への貢献として××という活動も続けております。しかし、ご指摘は大変貴重なものとして受け止め、今後の広告活動に役立たせていただきます」

僕は自分たちの不注意を、このようにカヴァーしてくださった、この、いつもはヘタレで、考えろ言うから提案した企画を副社長のところに持って行っては、毎度これとは別の件で叱られてその話題にも至らずにスゴスゴ帰ってくるおっさんを少し見直したのである。

その会社の製品を僕は今でもずーっと使っている。色々面白い経験をさせてもらったと感謝している。

長時間残業が減らない理由をもう一つ挙げるなら、アイデアという無形のものを扱っているため、企画においては「これで完成」ということがない。コピーを考えるにしても、あと一時間考えたらもっといいモノが書けるのではないか、これでいいのだろうか？　という疑念は常に脳裏を離れることがない。

電通と一口に言っても、部署ごとに業務内容も全く違えば、感じるプレッシャーも違う。僕が知る広告制作の現場で言えば、こういう側面もあるのだ。それを根性論と片付けることもできるし、確かに根性論で成果を上げている先輩もいたから、体育会系が大嫌いな僕のような軟弱な人間でも、一目は置かざるを得ないのだ。

もちろん勤務時間に含めることはしないが、夜中にベッドの中で何事かを思い付いて、起き上がってメモするような経験は、この仕事をしている者なら誰しもあったはずだ。

電通の人間は基本的には仕事が好きで、楽しいことを実現したいと思っていて、やめろと言われても仕事をするような人たちだ。世間で思われているほど裕福ではなく、みな残業代が今月は多いの少ないのと言って、半ばそれに生活を依存しているのも事実だ。

しかし、死ぬまで、もしくは人生を終わりにしたくなるほど、精神を病むほど、働くべき職業ではないだろう。芸術家が命を削って作品を残すのは意味がある。消防士が己の命を顧みずに火の中に突進するのは賞賛されてもいい。兵士が前線に志願して行くのも誰かがやらなくてはいけない仕事かもしれない。

電通は違う。もっとくだらなくて、どうでもいい仕事じゃないか。それに命を懸けているフリをしないと仕事を獲得できないインチキな仕事なだけじゃないか。

オレはゲームを降りた人間であり、箝口令とは関係ないところでホソボソと暮らす者だから言わせてもらう。

電通はグローバル化を推進していて、外国の大きな会社を買収し、取締役に外国人を招き、決算期まで海外に合わせて三月から十二月に移した。外ヅラだけグローバル企業を取り繕い、内実は昔ながらのドメスティックなやり方で、現代ならではの非人間的な組織運営を進め、どうするつもりなのか。

欧米の広告会社がどうしているのかは知らないが、グローバルを気取るなら、仕事の前に契約書でも取り交わして、することとしないことと、できることとできないこと、その料金表を提示して、それを遵守したらどうなのか。「働くな。しかし任務は死んでも完遂せよ」と、社内の締め付けを強化して何かが解決するのか。

広告界にもルールはあるはずだ。協会とかあるなら、広告主へのベンチャラ団体、内輪の親睦団体にしておかず、ルールを明文化することに寄与でもしたらどうなのか。第四代社長、吉田秀雄が作ったメディアビジネスの枠組みで大儲けしてきたのだから、次は業界で働く人が命を落とさないための基本的なルールを広告に関わる全ての企業に説いたらどうなのだ。

それでも横車を押す企業があるなら、その時こそ電通が隠然たるパワーとやらを発揮するべきだ。それがなんなのか僕にはわからんのだけど。

僕がそもそも広告業界を選んだ理由は「なんでもアリで楽しそうだった」からだ。しかし、もはや「なんでもアリの無法地帯」ではないか。いつ何を言っても広告会社はなんとかするべきだという風潮が蔓延している。

ワイルド・ワイルド・ウェストの世界だ。以前はそれが社会から半分ハミ出したような荒くれ者を受け容れる度量として機能していた。僕も荒くれ者の端くれとして、そこでしばらく糊口を凌《しの》がせてもらった。しかし、社員を飼い馴らそうとするなら、せめてルールの整備はしてほしい。さもないと死者が出る。いや、出たのだ。しかもまたしても。

新入社員が命を絶つということがいかに異様なことか、自分の新人時代を振り返るとわかる。大阪に来て間もない一年目、僕は花岡さん（仮名）という先輩の後ろをウロチョロついて回るくらいしかできることはなかった。残業なんてできるほど自分の仕事はなかった。

ある夕方、花岡さんが言った。

「これから七時に打合せがあるんやけど、お前入れるか？」

僕は東京生まれでアメリカ帰りの鼻持ちならない新人で、バカ正直に言った。

「実は……、これからデートの約束がありまして」

テレビドラマなら、「はい！」と答えて陰で女の子に「ごめーん」とケータイ（当時）でも入れるところだろう。

花岡さんは言った。

「そっか、ほなそっち行け。お前は仕事覚えるよりもまず、大阪を好きになれ」

自殺した彼女の不幸は、こういう先輩に恵まれなかったことではないだろうか。答えのない想像を巡らす。

何を言っても帰らぬ命だし、周囲は悔やんでも悔やみきれないだろう。大きな意味では同じ釜の飯を食った一人として、僕は何事か思わざるを得ないのだ。

冥福を祈る。

合掌。

自由がまた一つ、なくなる

電通が二〇一六年の「ブラック企業大賞」に選ばれ、その三日後には厚生労働省の長時間労働削減推進本部（本部長・塩崎恭久《やすひさ》厚労相）が、過労死ゼロを目指す緊急対策を公表した。

・企業に対し、実働時間と自己申告時間に乖離がないよう実態調査を要請
・長時間労働等に係る企業本社に対する指導、労働基準監督署による立ち入り調査の実施
・是正指導段階での企業名公表制度の強化
・複数の精神障害の労災認定があった場合、企業に個別指導
・パワハラ防止に向けた周知啓発の徹底
・産業医への長時間労働者に関する情報提供の義務付け
・夜間・休日に相談を受け付ける「労働条件相談ホットライン」を毎日開設

などの指針が発表された。

十二月二十八日、電通と自殺した新入社員の直属の上司が書類送検されるに至り、記者会見の席で石井直社長（当時）が翌年一月での辞任を表明した。

会見で記者の質問に答えながら、石井社長は、「プロフェッショナリズムの意識が強く、一二〇％の成果を求める社員が多い。仕事を断らない矜持もあり、それらは否定すべきものではない。しかし、それら全てが過剰であり、その社風に施策としての手を打てなかった責任を感じる」と述べた。

中本副社長は、「電通はブラック企業ではない、と声を大にして言いたい。が、世間にそのように思われている事実は真摯に受け止める」とした。

僕は電通に約十五年在籍し、広告制作の現場で働いた経験を踏まえ、「電通はブラック企業ではない」という見方については首肯する。電通は若い働き手を低賃金で使い捨てにしてきたわけではない。むしろひと時代昔の社員なら「札束で横面を叩かれて働くんだ」と自嘲的に言ったものである。今でも上限までの残業代は支払われ、それを超えてしまった場合でも支払われてきた。それを偽って少なく申告させた事実は、おそらくは人件費の削減が目的というよりも、労基署の目を逃れるため、または上司が責任を問われないための、その場凌ぎの誤魔化しであったと考えられる。

ブラックどころか、自由放任が過ぎたのだ。

他の企業は知らないから想像になるが、個人の裁量は大きい。ただし、広告主企業の決定が絶対な業界であるため、それを裁量と呼べるのは企画提案段階までで、制作作業に関しては裁量などほとんどない。それでも自由はあった。徹底的に働く自由、ヒマな時はサボる自由。社内外含め、スタッフの力を借りられる自由。悪く言えば、人を使う自由。その使い方もあくまでも自由。

広告企画制作の仕事なら、大まかな手順はあるものの、毎回カスタムメイドであるため、「こうすればうまくできる」というシステムやレシピのようなものがあるわけではない。その度にしっちゃかめっちゃかな事態が起こり、めちゃくちゃに崩れたスケジュールと戦いながら、ビクとも動かない納品日（たとえばオンエア日）になんとか合わせて着地させる。言うなれば、こんな感じの自由だ。

その自由の中で、自由を濫用する人に当たると不幸が起きる。自殺してしまった女性社員を最悪の事例として、それ未満の例であれば大抵の社員は程度の差こそあれ経験はあるはずだ。

電通の人は基本的には仕事が好きであるため、管理職である上司すらも現場を自由に飛び回って不在がちなことも多い。退職することなく何十年も在籍している人は、それだけでもこの仕事を愛している証左とも言えよう。本来は苦しくも楽しい仕事なのだ。

そんな中、困ったことがあっても、相談相手であるべき上司を捕まえることすら難しい状況があるし、基本は自由なので手取り足取り助けてくれることの方が稀である。人間関係が冷たいのとはまた違う。自分のことに忙殺されていると、他者への気遣いができない場面や人格ができてしまう。そして自由に人を傷つける言葉を吐いてしまう。

しかし、それは「いくら腹が減ったからといって、物を盗んで食べてはいけません」と同じ当たり前のことで、今回書類送検された元上司と、その予備軍たちを擁護はできない。

石井社長が話した通り、電通の美点と今回の汚点は表裏一体であった。

だから、今後は広告の仕事は担当の自由な差配に任せっぱなしにはできず、（将来的・究極的には人工知能にやらせることも含め）もっとシステマチックになるのか、管理職がその役職通り、厳密に管理しながらイチイチ社員の手綱を締めつつ進めるのか、なんにせよこれまでのような自由は諦めなくてはならないだろう。

僕個人は、電通になんの恨みもない。テレビに映る高橋まつりさんの顔と、並んだ社長、副社長、人事局長の苦渋に満ちた表情の向こうに見える、これからの電通の姿を思って、二重に哀しい思いがしたのであった。

自由よ。これの使い方を誤った連中が、まつりさんと電通の自由を殺したのだ。

……と、ここまでのコラムを二〇一六年十二月にハフィントンポストのブログに書いたら、ネットのあちこちで賛辞と批判が沸き起こっていたようだ。賛否両論あるのは健全なことなので、いちいち著者である私が反応したりはしないが、私の住む地域の県警に脅迫メールが送られてきたのは看過できない。

「反日企業・電通擁護の記事を書いた前田将多の会社を一週間以内に爆破する。家族も刺し殺す」という内容であった。それを受けて所轄の刑事さん三名が、正月早々私を訪ねてやって来た。

イタズラに違いないのだが、警察としては万が一のことがあると責任を問われて、今後は県警が電通のごとくマスコミやネットの人たちに叩かれるだろうから、しっかりと対応しなくてはいけないのだろう。

これ、業務妨害で犯罪だぜ。

書類送検された電通憎しで、元電通の私ですら坊主の袈裟か。電通を犯罪集団と書き立てる人が今度は法を犯して見知らぬ私を脅す。どういう感覚、整合性の持ち主だ。

電通が自由な社風を持った企業であったことは疑いがない。それで、学生が就職したい人気企業として常に憧れられてきた。百歩譲って、それを自由という言葉で表現したことが私の間違いだったとしても、電通の、業界の、当時のそれを、他の言葉で置き換えることが未だにできないのである。そして、それを履き違えた者、悪用したやつらがいたと言っているのだ。

「自由を濫用するな」、「そういう連中を擁護するつもりはない」、「そのおかしな自由を放置してきた電通はこのままではいられない」というのが主意であることは、ある程度の知性がある人ならわかるだろう。

電通が過ちを犯したなら「潰れろ!」、「犯罪者集団!」と全否定し、何か好事があれば「神だ！　神だ！」と全肯定する人たち。黒か白の二択でしか物事を考えられない人たちがいかに多いかと嘆息する他ない。

無策だった経営陣は知らん。私は在籍中からその無策ぶりに腹を立てていた者だ。しかし、どの勤め人とも同じく、毎日悩みと喜びを抱えて働いている電通の一般社員たちが、どれほど新入社員の自殺という異常事態に心を痛め、社内の閉塞感と世間の目に息が詰まる思いをしているか。

私に言わせれば、どちらかと言えば、そうやって全否定して人間を心理的に追い込むような心の在り方こそが、若い人たちの精神を逼迫させるのではないのか。

このええ加減なコラムニストに、「心の在り方」とか言わせんな。

さすがにちょっと頭に来たので、序章の最後に補足した。

第一章　電通という会社

みんなギリギリなのだ

電通と一口に言っても、部署ごとに業務内容も違えば、フロアの雰囲気も全く違う。

広告会社の仕組みを全く知らない方々のために簡単に説明しておくと、大きく三つの業務分野に分かれている。

営業がいわゆる「広告会社」らしい仕事で、クライアント企業から要望を聞いてプロジェクトを取り仕切る中心的役割。

メディアは、テレビ局とか新聞社、雑誌社、ラジオ局、インターネット会社などといった媒体社から広告枠を買い付け、営業の要望に合わせてそれを販売し手数料を得る「広告代理業」と言えるところ。

クリエーティブ（今は電通の中ではそういう名前の部署はなくなり、カタカナの小難しい名称になっている。しかも、部署名は次々によくわからない長ったらしいものに変わっていく傾向がある）は、もしかしたら、業界外の人が最もイメージしやすい、広告の表現を企画制作するところだ。クリエーティブ・ディレクター（ＣＤ）が他の部署でいう部長（管理職）で、その部下としてコピーライターとアートディレクターがいる。

海外では現在、その三つは同じグループ内の別の会社で運営されていることが多い。営業は

「エージェンシー」、メディア局は「レップ」と呼ばれる。レップとはrepresentativeの略で、文字通り「代理（店）」という意味である。媒体社になり代わって広告枠を販売するからだ。クリエーティブは「クリエーティブ・ブティック」として、専門的に独立しているところも多い。日本でもシンガタ、タグボート、ワトソン・クリックなど、元広告会社のスター選手たちが独立して野心的なクリエーティブ表現に挑んでいる。

日本の広告会社は特殊で、それら三つが一つの会社の中に共存している。しかも、これはよく指摘されていることだが、一業種一社の扱いが原則である世界の広告業界に反して、日本では一業種多社での扱いが行われている。つまり、たとえばアメリカであれば、ナイキの広告を担当する会社は、ライバルであるアディダスの広告は扱えないのである。扱ったとしても、グループ内の別会社が担当する。しかし、日本の大手広告会社は、広告主企業の一部の例外を除いては、一緒くたにビジネスを展開している。電通がここまで巨大化した理由の一つがここにある。広告会社も、日本はガラパゴス化しているのだ。

当然ながら情報管理の問題は出てくるので、対策としてフロアを分け別々の営業チームが、別々の内勤社員を使って業務にあたっている。「そんなもの建前で実際は筒抜けだろう」という批判もあろうが、僕が知る限り、会社の存在の根幹に関わることなので、わざわざ何十億円、何百億円という扱い額を危険に晒してまで、スパイ行為をしようなんて考える人間はいなかった。競合他社の新製品情報を知ったところで、自分の抱えた案件の企画がうまいこと思い付くわけでもないし、本当に重要な情報は一部の関係者に留められ、部署内で広く共有されることはなかったと思う。そのへんに転がっている情報は、大した重要性もない。それは僕が単にボケたコピーライターだったからそう思うのかもしれないが。

とにかく、こういう組織内の差異を知っておかないと、「電通は」と聞いて、なんとなく全体を判断しがちだ。電通本体だけで約七千人の社員がいて、国内外のグループ会社を含めれば約四万七千人いる。前記三つの主要業務の他にも、スポーツやキャラクターといったコンテンツを扱ったり、マーケティング戦略を立案したり、イベント催事やセールスプロモーションを担当する部署など様々な人たちがいる。十把一絡げにされるのはあまり気持ちのいいものではなかった。

フロアごとに、まるで違う会社であるかのように雰囲気も慣習も違うのだ。

それぞれステレオタイプ的なカラーがあって、営業局ならスーツを着た目つきの鋭い連中が多い印象だし、新聞局ならインクの匂いが漂い、さらに目つきの悪い男たちが目立つ。テレビ局は、濃密な関係を築くテレビ局社員となぜか格好は似てくる。派手なスーツを着て、チャラい雰囲気がある。クリエーティブ系の部署であれば、ヒゲ面でTシャツを着た、何者かよくわからない人たちがウロウロしている。

僕が長くいたクリエーティブの部局は、体育会系とは程遠い場所だったので、僕はいわゆる世間一般に思われている「電通らしい」シゴキのような体験はほとんどしていない。そもそも体育会系人間が大嫌いだったので、入社した時からかなり警戒していた。そういう部署に入れられたり、その手の先輩に当たったら、暴れるか何かすぐに問題を起こしてしまいそうな予感が自分でもあったからだ。

新入社員は研修の期間、約二十の班に分けられ、各班には入社十数年目のリーダーと、入社五年目前後の若手がサブリーダーとして付いて指導する。一応、配属地と部署の希望を書いて提出できる機会があり、リーダーとサブリーダーも人事局に対して、各人の人となりを見て助言するようだ。僕のリーダーは、「前田はメディア局には向きません」と一筆書いてくれた。ありがたいことであった。

だから、僕は直接的に酒をむやみに飲まされたとか、パワハラ的な無理強いをされたという経験はない。しかし、新入社員の時点で、電通人のクライアントへの徹底的な忠誠心は叩き込まれた。

研修中に二週間、新人全員がそれぞれバラバラの営業チームに入れられて、一人の先輩に付いて仕事の現場を見せてもらう期間があった。電話の取次ぎの仕方、コピーの取り方などを教わり、一緒にお得意との打合せに入ったり、届け物をしたりした。仕事らしい仕事なんか何もできないから、雑用を通じて作法や最低限のルールをトレーニングするわけだ。

先輩とお得意さんがメディアプランの打合せをしている席で、僕は全く話の内容がわからず、そのうち眠くなってウトウトした。あとで当然叱られたが、基本的には手取り足取り、実に親切な扱いを受けたと思う。素敵な先輩社員に付いたものだ。

その営業チームは飲料会社であるA社を担当していた。そのためフロアの自動販売機もA社のものだけだし、飲み会をする時にも、その居酒屋がB社でもC社でもなく、A社の製品を扱っているか、確認してから予約を入れる。

課題を与えられて、最後の日にそこのチームにいた三人ほどの新人が先輩たちにプレゼンをする。学生気分の抜けない夢想的な案も多分に含まれていたと思うが、それを先輩たちが現実的な目で講評する。これにて営業現場研修の終了だ。その晩は打ち上げとして、チームの先輩たちとそれぞれの新人全員で飲み会があった。もちろんA社の入っているお店だ。

二軒目か三軒目か忘れたが、最後にカラオケに行った。そこで事件は起きた。

当時、コカ・コーラ社のテレビCMで『明日があるさ』のカヴァー曲が使われてヒットしていた。新入社員仲間の西くん（仮名）がなんにも考えずに、いや、ただ場を盛り上げるつもりで、それを歌ったのだ。

先輩たちは激怒した。

「お前、二週間もここにいて、俺たちが毎日何に命懸けているのかわからんのか！」

西くんはクソミソに、泣くほど叱られた。僕は「えらい世界に飛び込んでしまったぞ……」と気を引き締めたのであった。そういう初っ端の衝撃的な経験は、その後の働き方とか考え方を決定的に方向付けることは確かである。

お酒に関してはいくつか逸話もある。

関西支社の独身寮（今はもうない）にいる頃、「今晩、先輩たちが歓迎の意味で訪ねてくる」という時があって、事前に同期の市川（仮名）が僕の部屋に来て警告した。

「お前はとにかく部屋に入って出てくるな。ドアを叩かれても返事するな」

聞けば、彼の部署の先輩でとにかく無茶苦茶な飲ませ方を後輩に強要する御仁がいるのだが、その人も今夜来るのだという。だから、お前は絶対出てくるな、というのだ。僕が当時酒も飲まなければ、そういう体育会系のノリを避けていたのを彼は知っていて、忠告してくれたのだ。同期との結束というのは温かいのである。

僕は言われた通りに居留守を決め込んだのだが、「なんじゃこりゃ？　ナマハゲか！」と思っていた。

体育会系的社風というのは主に新聞局、テレビ局、そして営業の一部に残っている傾向がある。それらに配属された同期たちはよく飲まされ食わされていたようで、人によっては第二次性徴期の子供のようにスクスクと、いやブクブクと体重を増やしていった。

これも新人時代、僕は同期の大上（仮名）と寮の近くのレストランで女の子たちとコンパしていた。すると、携帯電話に別の同期から着信があった。

「ショータ！　お前今どこにいる？」

「寮のそばだけど？」

「悪いけど、寮に行ってくれ。入り口の前に千田（仮名）が倒れてるはずだ。放置したら死ぬかもしれんから助けてやってくれないか⁉」

「わかったけど、なんでそれを君がオレに言ってくるんだ？」

「千田ちゃんが俺んとこに電話してきたんだけど、俺はまだ会社なんだ！」

僕はそれを聞いて、コンパは中座させてもらい寮まで走った。すると、本当に言われた通りのかたちで、携帯電話を握りしめたままのテレビ局・千田ちゃんが酔いつぶれて倒れていた。寮の入り口まであと数歩のところで、きれいに力尽きて行き倒れていた。きっと先輩やテレビ局社員との飲み会でしこたま飲まされたのだろう。僕は彼に肩を貸して部屋まで上げて、ベッドまでなんとか面倒を見た。同期の結束というのは、温かいだろう。

ある時は、朝起きて、朝食を食べに部屋を出ると、寮の世話をしてくれる寮母のおばちゃんが廊下で立ち尽くしていた。

「どうしました？」

おばちゃんの背中に声をかけると、彼女は振り向き、廊下の奥を指さして、

「あ、あれ……」

とだけ言った。

廊下の先、左手には洗濯機がある小部屋があるのだが、そこから横たわった裸の下半身だけが出ている。うつぶせなのでお尻と脚だけはこちらに見えている格好だ。おばちゃんは、もしかし

たら死体でも転がっているのかもしれないと怖れたのだろう。僕に見てきてくれと頼んだ。

近付くと、そばの部屋で目覚まし時計のベルがけたたましく鳴っていることに気付いた。

全裸で寝ていたのは、そのリンリン鳴っている部屋で寝ているはずの、同期の戸澤（仮名）だった。

「お前何してんねん。目覚まし鳴ってるぞ、部屋で」

戸澤はあの頃、新聞局だった。みんなギリギリのところでがんばっていたのだ。

とにかく飲まされる時は、一気飲みが基本で、その飲み姿にも様式美が求められるという。雲竜型、不知火《しらぬい》型、イチロー型、ジャガー型、靴ビール、人間ウォシュレットなどなど。僕は「雲竜型で飲ませていただきます！」と高らかに宣言してビールを飲み干すような「型通りのネタ」が面白いとは思っていなかったので、右記の型の一部はなんのこっちゃわからない。ご興味がおありの方はグーグルにでも訊いてみてほしい。

アルコールハラスメントという言葉が人口に膾炙《かいしゃ》するようになると、さすがに昔のように酷いことはなくなりつつあると思う。そういう飲み方、飲ませ方というのは電通や広告会社特有のものではもちろんなく、男社会のあちこちで行われてきたことだ。他業種の企業、スポーツチーム、自衛隊、大学生サークルなどなど。

それで死ぬ若者もいるから、全く賛同はできない。せめて死なない程度に、テキトーにやれとしか僕は思わない。

酔いつぶれて通りで寝ているサラリーマン、駅でゲロ吐いちゃってるおっさん、大声で騒いでいる集団。いくら目くじら立てたところで、これまでもこれからも、酒というものがこの世にある限り、こういった人たちはいなくはならないだろう。そういう晩がたまにはあっても仕方ないと思う。

たまにならいいのだが、ある大手企業に二十年以上ボコボコにされてきた営業のおっちゃんがいて、その人はしょっちゅう酔いつぶれては道で寝ていた。

「この前な、また道で寝てたら身ぐるみ剝がれて、起きたらカバンも財布もなんにもないねん」

「え！　大変じゃないですか。そ、それでどうしたんですか？」

「うん、せやからな、……寝る場所を変えた」

どうしても道で寝たい人もいる。冷たいアスファルトやブロックが頰っぺたに当たる感触がたまらないのだという。

正体をなくすほど酔って、自分を自分でなくしてしまいたくなる、やる瀬ない夜もあるだろう。喜びでも哀しみでも怒りでも、それだけで心が一杯になり、何もかも一時停止してもらわないと自分の許容量を超えてしまいそうな恐怖に襲われることもあるだろう。思い出すだけでナニがアレしちゃう、ちょっぴり甘酸っぱいひと夏の体験もあるだろう。

誰しもそんなに品行方正で清廉潔白な人生を生きてはいないのだから。

鬼十則と富士登山

電通の過重労働の根因を探る報道の中で、電通鬼十則と富士登山が槍玉に挙げられることがあった。

特に「取り組んだら『放すな』、殺されても放すな、目的完遂までは……」の一節は、人を死に追いやる残酷な命令であるかのように紹介された。これまで電通鬼十則は、挑戦心のある中小企業を中心に、仕事に臨む者の心構えの鑑として絶賛されてきたものだ。但し、電通社内で毎朝復唱されてきたとか、洗脳的に使われてきたとか、何かにつけて言及されてきたような事実はない。せいぜい新入社員研修で小テストに出されたり、部署によっては、配属直後に先輩から最低でも覚えろと言われて、飲みの席で試されるという程度だ。

一、仕事は自ら「創る」べきで、与えられるべきでない。
二、仕事とは、先手先手と「働き掛け」て行くことで、受け身でやるものではない。
三、「大きな仕事」と取り組め、小さな仕事はおのれを小さくする。
四、「難しい仕事」を狙え、そしてこれを成し遂げるところに進歩がある。
五、取り組んだら「放すな」、殺されても放すな、目的完遂までは……。

六、周囲を「引きずり回せ」、引きずるのと引きずられるのとでは、永い間に天地のひらきができる。
七、「計画」を持て、長期の計画を持っていれば、忍耐と工夫と、そして正しい努力と希望が生まれる。
八、「自信」を持て、自信がないから君の仕事には、迫力も粘りも、そして厚みすらがない。
九、頭は常に「全回転」、八方に気を配って、一分の隙もあってはならぬ、サービスとはそのようなものだ。
十、「摩擦を怖れるな」、摩擦は進歩の母、積極の肥料だ、でないと君は卑屈未練になる。

これは第四代吉田秀雄社長の遺訓である。今読んでも、間違っているとは思えないし、この半分でも成し得たらと思わされる言葉である。

ただし、僕自身は「立派な訓示ではあるけれども、実際に全てを守って働いたら命がいくつあっても足りないわな」と、凡人なりの受け止め方をしていた。吉田社長自身は事実、五十九歳で亡くなっているから、本当にそうなると思っていた。

「『大きな仕事』と取り組め、小さな仕事はおのれを小さくする」という一文については特に異論があった。小さな仕事でも、仕事であるからには、誰かに求められている仕事である。これを「電通はこんな小さいことはできません」と断っていては、一体「大きな人間」とは何様なのかと思えるだろう。

広告業界に馴染みのない方に簡単に説明すると、吉田秀雄というのは、現代のメディアの仕組みを作った人物である。営業部門で実力を発揮し、大戦後の一九四七年に四十三歳で第四代社長に就任しているというのだから驚く。人材の乏しい時代だったとはいえ、四十三歳である。

当時は誰しも貧しい時代で、玄関先に「犬と広告お断り」と張り紙をされるような、広告屋に対して冷たい世間であった。広告屋とは怪しげな人物が就く職業として、見下されていたのである。今でも多少はそうか……？

吉田社長は、これを「広告は最も優れた頭脳と、最も熱心な研究と勉強とをもってするにあらざれば、非常に難しい仕事である」と説いて、業界の地位向上に努めた。広告代理業手数料の適正化や民間テレビ放送の確立に生涯を捧げた人である。食い詰めた復員軍人や満州引揚者、当時は就職差別があったいわゆる片親の若者なども積極的に採用した人情と先見の人でもあった。

今日、我々が無料で民放を観ることができたり、広告業界人、テレビ業界をはじめとしたメディア関係者がエラソーにしていられるのは、この人のお陰と言っても過言ではない偉大な人物なのである。

広告の仕事が頭脳労働として、体力勝負の奉仕として、非常に高度であることを知っているからこそ、「常に精神と神経に、適当な休養を」と、過労と不摂生を戒めた吉田社長は今、草葉の陰で悔し涙を流していることだろう。

電通富士登山は毎年七月の後半に行われる。初代光永星郎《みつながほしお》社長が社員の敢闘精神を養うために一九二五年から始め、戦争による中断もあり、二〇一七年に第九十回を迎える伝統の行事である（電通の創業自体は一九〇一年）。

一九三四年には第十回を記念して、富士山頂の浅間神社に石鳥居を寄進している。これは今でも立っているので、登頂された方はご覧になれる。

富士山に登る際、社員の扱いとしては研修ということになり、すなわち業務の一環である。ただ新人を登らせるだけではなく、先輩社員たちがチームを組んで、救護班、頂上班というスタッフとして支援にあたる。電通と、電通グループの新入社員で合計約三百名が一度に日本最高峰を目指して歩くのである。迷い道はないような単純なルートだが、ケガや高山病はあり得るから、細心の注意が払われて実施されている。

八合目、八・五合目、九合目といった各ポイントでは通過者名とその人数の確認が行われ、頂上到達者のチェックと山小屋への誘導、天候の定時確認、負傷者や病人発生時の救護などなどが業務となる。僕は三年間、頂上班の一員として参加した。

百年近く続けているノウハウと効率が組み込まれていて、旅行会社の中には、わざと電通富士登山の日に当てて富士登山ツアーを組むところもあると聞く。それは、万が一のために電通が医師と看護師を連れて来ているからだ。

当然僕は新入社員当時にも登った。その頃は山に登る趣味がなかったため、先輩に雨具やゲイターを借りて行ったことを覚えている。他に覚えていることは、とにかく苦しくて疲労困憊したことだ。途中で冷たい雨が降り、昼食として持たされたおにぎりを山道の途中で濡れながら齧った。頂上間近の九合目以降は、こんなにツライことがあるだろうかと思えるくらいにしんどかった。

初めは軽く見ていて、杖を持って行かなかったのだが、もはや両足だけでは歩くことができなくなり、途中に落ちていた棒っきれにしがみつくようにして歩を進めたものである。

昔は競走をしたそうだが、いつの頃からか安全のためそれは名目上禁止されるようになった。しかし、学生時代にスポーツをやっていた者なんかは、部署によっては「何位以内に入れ」などと先輩から命じられることがあり、そういう人たちはなるべくスタート時に群れの前の方に行けるよう進み出し、走って登っていく。

大体、男性の平均で五時間かかる登山道を、最も速い者で二時間余りで登り切った。彼はあるスポーツのワールドカップ選手だった。

その後輩に、

「みんなが来るまで、頂上でヒマだったろ。何してたの？」

と訊いたところ、

「はい、上の山小屋で三食食べてました」

と答えた。

かつての新入社員の中でお調子者なんかは、わざと三つ揃いのスーツに革靴で、英字新聞を小脇に抱えて登った。新人のくせにすでに借金があり、借金取りからの催促の電話に、

「すみません。今、富士山の六合目にいるもので、ＡＴＭとかはちょっと……」

などと答えている者もいた。

頂上班の社員のところに携帯が入り、何事か難しい顔をして話している。みな通常の業務をやりくりして参加しているので、仕事の連絡は待ってくれないこともある。

電話を切ると、憤慨した様子で彼は吐き捨てた。

「来年の四月に発売される新製品の打合せを明日やるから、下山したらその足で会社に戻って来いってさ！　今、七月だぜ！　それ、明日やらなきゃいけないのか？」

頂上ないし途中の山小屋で一泊して、翌早朝の夜明け前に動き出して、山頂でご来光を拝む。万歳三唱をしたら、下山に向かう。汗と埃に塗《まみ》れて下り切ると、社長が出迎えている。

入社何年経っても、「俺の時はさぁ……」、「天気がさ……」などと思い出話になる行事である。その時に助け合った経験が恋愛に発展する男女もいれば、ギブアップして荷揚げ用のブルドーザーに同乗して降りてくるデブもいる。

そんな微笑ましいイベントが、電通富士登山である。

鬼十則とか富士登山とか、締切までに何かしらの記事を書かなくてはいけない記者からしたら「これで一本書ける！」と思うことだろう。しかし、これが実態だ。

「したくないことをさせるのは全てパワハラだ！」などと批判するのなら、仕事なんかほとんどはしたくないことだろう。中には「○位以内に入れなかった」ことへの罰ゲームとして丸坊主にさせられる新人もいただろう。そういった体育会系体質については次項で書くことにする。

体育会系をどう扱うか

企業の採用担当者からしたら、体育会系の人間を好む理由はわからないでもないだろう。体力はあるし、礼儀はわきまえているし、それなりの苦労もしてきて打たれ強さも持っている。実際に、電通社員の中には学生スポーツの世界で有名選手だったり、学生日本代表選手だったり、世界選手権に出ていたような人がゴロゴロいる。

僕は電通の採用試験面接官もしたことがあるが、やはり「○○大サッカー部のキャプテンをやって全国優勝しました」というような人間は、「まともな人間なのではないか」と思ってしまう。

面接官をしていれば色々な人物と出くわすもので、

「あなたは電通に入ったら何をしたいですか？」

「ワタシは、ビートルズが大好きでして、ビートルズのよさをもっと世界の人に知ってもらいたいと思います！」

「……」

というような学生もいた。えーと、ビートルズの魅力は、君が思ってる以上に世界中の人々に充分伝わってると思うぞ。

実際に体育会サッカー部の選手だった社員はこのように語る。

「体育会系の強みは、体力だけでなく、『自分の思い通りにいかないこと、理不尽への耐性がある』のではないか」

練習に一生懸命取り組んでも試合に出してもらえない。上達や勝利に直結しないような、とにかく走らされるといった理不尽な練習をさせられる。思わぬケガもする。試合に出ても勝てない。ほとんどは結局どこかで負ける。

こういった経験を通じて、「自分の思い通りにいかない中で、どう生きていくか」ということを考えざるを得ない、のだという。

では次に、元スポーツ選手でもない、大して頭脳明晰でもない、ただハッタリで電通にいた僕から言わせてもらう番ね。

体育会系の人間は「理不尽に強い」？　いや、その分他者に理不尽を強いるし、何より「自分が特別扱いされることを当たり前だと思っている」ところが僕は嫌いなんだ。子供の頃から体が大きく、小さい子らに言うことを聞かせてきただろう。スポーツができるというだけで、勉強を免除されたり、掃除をサボってきただろう。キン肉マン消しゴム集めが得意だったり、テレビゲームや将棋が得意な子らは勉強を免除されたりしなかったのだぞ。そして君ら、若い頃からモテてきただろう。

ほとんど「リア充を妬むネット民」的な態度になってきたが、体育会系の人間と仕事をしていて、納得がいかないのは「なんであなた方はそんなにエラソーなのだ」ということだ。自分の思い通りにならないことへの耐性はどうか知らんが、自分の思い通りにしようとする圧力はものすごいではないか。

いや、思い返せば僕もガキ大将ではあったから、あんまり言うと幼馴染みから石を投げられるだろう。でも、体育会系人間には言いたいことがあるのだ。

僕が外部のプロダクションの友人に喫茶店で相談事でもしようと、連れ立って歩いていると、彼と継続的に仕事をしている電通の先輩とすれ違った。

「おい、お前どこに行くんだ？」

まずね、社外の人に対して「おい、お前」はナイし、仮にも電通社員の僕とプロダクションの彼が一緒にどこかへ歩いているわけだから、なんか用事があるに決まっているだろう。どこへ行こうと、それは彼の勝手どころか、僕の勝手なのだ。

自分は電車の中かどこかから携帯電話をかけてきて、一方的に何事かを命じ、相手には途切れ途切れの声に、

「はい？　なんですって？」

と訊き直す間も与えず、

「よろしく。十分以内で！」

と言い残して電話を切るような人もいる。

部活のノリで会社に来るなと僕は言いたい。学生気分が抜け切れていないのはどっちだ。

あるクライアントが出稿した新聞全十五段広告が主要五紙に掲載された朝、新入社員だった後輩は「少なくとも五ヶ所以上の別々の印刷所が刷った掲載紙を全五紙分、朝イチで得意先に届けろ。先方は明日イベントで大阪にいる」と先輩に命じられた。

彼は訳がわからないまま始発の新幹線に乗って、新横浜、名古屋、京都、新大阪と途中下車を繰り返し、住んでいる地域の五種の新聞と合わせて計二十五部を揃えた。それから喫茶店に入って、一紙一紙の印刷の状態を、裏写りがないか擦れはないかなどチェックして、掲載面に付箋を貼り、予め用意していた紙袋に入れて朝十時に大阪でクライアントに届けたという。そしてまた新幹線でトンボ返りして、東京に戻って午後の打合せに出た。

掲載紙など一日待てば、東京版、大阪版など当然印刷所も違う各紙が電通で手に入るのだ。こういう無意味なことを喜々として後輩にさせるのも、体育会出身の人の特徴だろう。きっと先輩は、「掲載紙、真っ先にお届けしますのでっ！」と、自分の手柄であるかのようにクライアントに話したのだろう。

「そんなことする意味あるんですか？」

とでも言ったら怒られるだろう。たとえばもう少し論理的に、

「新聞一部が大体一五〇円で二十五部ですから三七五〇円。経費として処理しますよ？　新幹線が東京‐新大阪往復で二万八九〇〇円。こちらは社の規定上、出張扱いにする必要がありますので出張申請をします。出張理由の欄に『掲載紙の納品』と記入して上長の承認を直ちに受けます。総務から却下されたら先輩が説明してくれますね？」

などと言おうものなら、どうなるだろう。

「うるせえ。とにかくやれ」

と、ぶん殴られただろうか。……まぁ、僕でもぶん殴るかもしれないが。

クリエーティブ担当の立場から言わせてもらえば、新聞広告の色だとか印刷精度を問うても仕方ないのだ。紙質は各社、各地域で仕入れ先が違うだろうし、元々あれいうザラッとした灰色の紙だ。色彩を正確に反映して広告を作りたい場合はポスターにして、色校正数回分を制作費（印刷費）に含んで行うべきなのだ。

そうすれば紙質はコート紙なのかマットコート紙なのか、厚みはどれくらいが適切なのか、特色（CMYKの4色で表現できない色を出すための単色インク）は使うべきなのかなどを検討した結果、企業の希望通りのものが出来上がるだろう。

僕が自分の体重三倍の営業を刺し殺したろかと思った時も、新聞広告が衝突の原因だった。僕のミスによって原稿に最終段階で修正を入れることになり、直したものを営業とお得意に確認し

てもらって、印刷会社に入稿した。その時点ですでに印刷会社との約束の時間が過ぎていたので、バッファー（余裕）を見ていたとしても印刷会社の営業さんが立てたスケジュールは狂っていたはずだ。

そんな中、うちの営業が「再度、色校正を出せ」と言ってきたのだ。右記の通り、新聞広告で色校正を出すことはあまり意味がない。その点については印刷会社にも確認した。だから僕は断った。

「かくかくしかじかで、間違いなく刷りますので、それはよしましょうよ」

すると、彼は顔見知りのその印刷会社のおっちゃんに直接電話して強要したのだ。おっちゃんからしたら電通の大営業といえば、大事な取引先のエライ方で、そういう人からグイグイ詰められたら断れないのだ。僕は面倒くさいから断ったのではない。断れないことをわかってる人間に対して、自分の体のデカさと声の大きさを利用して、僕を飛び越えて追い詰めた営業に対して腹を立てたのだ。おっちゃんに電話すると、「やらないでいい」と言う僕と、「やれ」と言う彼の板挟みになり困り果てていた。

営業の言い分は「俺は過去に新聞の輪転機を止めさせたことがある。できないわけがない」。知らんがな、そんな武勇伝。自慢できることちゃうで。印刷会社の人たちに迷惑かけた事案を自慢にするものではない。営業というのは弁で食っているところがあるから、口では勝てない。僕は携帯電話の電源を切って、メールだけで彼とケンカをした。長くて、何往復にもなった論戦を、僕は全て上司をCCに入れて証拠を残しつつやった。

結局どうなったのだったか。僕はその晩遅くに後輩と一緒に、「これで皆さんの気が済むならやりましょうよ……」と言うおっちゃんに印刷所まで連れて行ってもらい、刷りたての紙を確認して持って帰ったのだったか。そして、怒りで一睡もできずに朝を迎え、ナイフを忍ばせて出社することになった。

今思えばつまらないことだし、営業には営業の立場と言い分があったことは理解できないでもない。しかし、その時は彼の、明晰な頭脳と剛腕に物を言わせて弱い人、小さい人を服従させて思い通りに動かしてきたこれまでの生き方そのものが許せないような憤怒にかられていた。社会はフットボールのフィールドとは違う。腕力の強いヤツだけが常に優位に立つのではないことを示さなくてはならん、と思ったのだ。

では、なぜ僕は刑務所に行かなくて済んだ、または絞め殺されずに済んだのか。

その朝、会社に行くと、上司であるCDが、

「お前、昨夜大丈夫だったんか」

と心配してきた。事情を説明していると、営業が僕らのフロアまでやって来た。僕は「ついにやるか」と身構えた。彼は僕の目の前まで来て、ひと息つくと諭すようにこう言った。

「……もう、ええやろ」

その瞬間、僕の肩から力が抜けた。彼の方が大人だったのだ。

広告業界という無法地帯は、怒鳴り合いでケリがつかないのなら、最後は肉体でもって戦わなくてはいけないような野蛮な世界である。いや、実際にそうであるということよりも、それくらいの覚悟が強いられるプレッシャーの大きな業種であるということだ。新聞広告を全十五段カラーで全国紙いくつかに出せば、掲載料が何千万円もする。それに制作費が別途必要で、メディアを組み合せたキャンペーンともなれば何億円、何十億円にもなる。だから、毎回責任が大きい。

営業はクライアントの利益を最大化するためならなんでもするしさせるし、内勤は付き合いのある、そのほとんどは中小企業である協力会社を守ることも仕事の一環なのである。そこで利害が衝突することはままある。

自分よりも腕力の強い人間がわんさといる中で、ハッタリと覚悟だけで凌がなくてはいけない局面があるのだ。なんなんだ、広告って楽しいものではなかったのか……。

それでも。

その営業の彼は僕が会社を辞める時に、たらふく食わせてくれた。またこの前、彼の結婚パーティーに呼ばれて行ったら、クイズゲームの賞品でキンドルをもらえて、僕はすこぶる上機嫌である。なんのわだかまりもない。

彼には彼のキャラというものがあり、僕には僕のがある。だから、今、デッカイ体育会系の先輩に苦しめられている人がどう対処すればいいのか、一つの答えなどない。一錠飲めば全快するようなクスリはないのだ。一冊読めば一流になれる本もない。

だけど一つ言えることは、面従腹背を続けていると、身体は無事でも、精神が死んでしまうことがある、ということではないだろうか。

電通へのやっかみ

電通はとにかくやっかまれる会社である。給料は高く、コネ入社の良家の子女がいて、顔採用で美男美女の集まりで、男性社員なら女子アナや女優と結婚できると……。

一部は真実で、一部は誇張だ。

僕が新入社員だった時に、人事局のおっちゃんが壇上から新人一同に言ったことを今でも覚えている。

「えー、皆さん、入社おめでとうございます。電通に入ればモデルと付き合えるとか、女優と結婚できるとか思って、今は浮かれた気持ちでいるかもしれませんが……」

彼はここで一旦言葉を切ると、一同を睨《ね》めつけた。

「私の女房を見せてあげたいです」

コネ入社については、コネ入社でない僕が知り得ることだけ言い添えよう。あるかないかと言われたら、ある。

「広告主企業、及びメディア各社からの人質」とよく言われるように、大手企業の創業者だとかナントカ社取締役の子息というのは確かに多い。有名スポーツ選手や政治家、作家の息子・娘もいる。しかし、働いている社員からすれば「だからなんだ」というだけの話で、そういう血筋の「人質」たちが、あたかも国際法で厳密に守られた捕虜のように、三度三度のメシを与えられて、あとはのんびりしているかと言えばそんなことはない。

分け隔てなく、しんどい部署でヒーヒー言ってる人もいれば、管理部門で夕方五時半に帰る人もいるだろう。多くの社員がいるから、誰がどこの令嬢とか誰の息子とか、いちいち知らないのだが、仕事をする中で、「知ってる？　あの人の親父さんは○○の社長なんだよ」などと耳にする程度だ。

それを知って、

「へぇ、そうなんですか。道理で切れ者のはずですね」

と言いたくなる人もいれば、

「へぇ、そんなこと微塵も感じさせない体タラクですね……」

という人も、もちろんいる。

電通は営利企業である。私企業である。である限り、社にメリットがない人をわざわざ入れるわけがない。それに大企業や媒体社のエライさんの子息など、全国に何万人もいる。コネにも強弱があるのだろうけど、頼まれた人を全員入社させられるようなキャパシティはない。そういう

NPOではないのだ。

それに、これは私見だが、そういう家の出身の人が生まれ持ったものというのは、あながち馬鹿にはできない。普通の人が持てない人的ネットワークや与えられてきた教育というものを否定はできないように思う。

だから、コネ組と通常組といった、官僚のキャリアとノンキャリアのような区別はほとんど社内にはないと、僕は感じる。

以下は、電通で十数年メシを食った僕からは言いにくいことなので、電通の取引先として長い経験のある谷崎さん（仮名）にご登場願おう。彼はこのように見る。

「私は企業の宣伝部にいたこと、つまりクライアント側にいた経験もあります。世の中の企業の広告宣伝部が全てそうだと言いませんが、彼らは電通をはじめとする大手広告代理店の社員より、まず学歴が低い、部活動でも目立った成績を上げていない、友人知人のネットワークが狭い、卑屈でマイナス思考、事なかれ主義で権威に弱いという点で、圧倒的に『いじめられっ子気質』なのです。

一方、電通でも博報堂でも大手代理店マンは、学業が優秀かスポーツで実績を残していたり、友人知人のネットワークが多彩であったり、主役級に活躍されていた人が多いと思います。従って、宣伝部の人間は、デザインや映像、音楽など、素人がなんでもテキトーなことが言いやすいクリエーティブ領域に関しては、セミナーで覚えた英単語や社内のみ通じる用語を駆使し、提案をクサすことに全精力を傾注しがちです。つまり『いじめっ子』への復讐、屈辱感の払拭という感じすらします」

谷崎さん、僕はここまではよう言わん。でも、ありがとう……。またあとで。

「電通は国策企業だ」などと揶揄する人もいる。そう言う人は深い理由まで考えていないのかもしれないが、ここで電通の沿革をかいつまんでご紹介しておこう。

一九〇一年、光永星郎が設立した日本広告株式会社が電通の前身である。ミツナガ・ホシオさんは、「ホシロウ」と読んでも間違いではないらしいのだが、その漢字の並びから、よくホシナガ・ミツロウと覚えてしまう人がいて、これは間違いである。これを聞いたあなたはもう、どちらかわからなくなっただろう。

光永の本来の目的は通信社の創立であった。当時の憲政党から助力の申し出もあったが、彼は「いや、不偏不党でいきたい」と断った。企業からの出資を得るために、まず広告代理業を始め、当時非合理的であった広告取引を正し、そののちに通信社を創業することにしたのである。

やがて、通信社である電報通信社が、当初光永の個人経営のかたちで発足した。

〇四年からの日露戦争で電報通信社は飛躍した。英国のロイター通信からの配信を共同購入するシンジケートに加入してニュース通信サービスを拡充したのだ。迅速なサービスと不偏不党のポリシーで新聞社からの信用を獲得していった。

やがて〇六年、株式会社日本電報通信社の下に、通信業と広告業を一体化して経営するようになった。米国のUP通信社とも提携を結び、ロイターの一社支配だった日本の国際通信界に新しい風を吹き込んだ。

海軍収賄事件である「シーメンス事件」に巻き込まれたり、不正経理問題、会社乗っ取りの危機などに直面したが、第一次世界大戦のパリ講和会議に日本電報通信社からも特派員を送り、その第一報は社の名声を高めた。

このあたりで、「戦争で儲けやがって」という難癖がありそうだが、当時の国際ニュースというのは大変重要で、その通信というのは国や外交をも揺るがしかねない重責の伴う仕事であったのだ。武器を売って儲けるとか、広告会社が何かプロパガンダを喧伝して利益を得るとかそういうことではない。ちなみに、後述するが、業績は第二次世界大戦中には壊滅的な打撃を受けている。

さて、時代は飛んで一九三六年。二・二六事件が起きる不穏な年である。日本電報通信社にとっても社史を通じて最大の出来事があった。政府の通信社統合政策により、電通の通信部を切り離して、旧「聯合《れんごう》」を母体とする国策通信社「同盟通信社」に統合することになったのだ。

三一年の満州事変の勃発から外務省が構想したことで、対外情報通信の一元化が目的であった。簡単に言うと、国際連盟からのリットン調査団の派遣や日本への満州からの撤退勧告案を受けて、世界の世論を日本に有利な方へ誘導しようと図ったわけだ。

ここに国策という単語が登場した。しかし、光永社長は合併に頑強に反対し、交渉は難航を極めている。結論的には、押し切られたかたちになり、光永が妥協したことになる。彼はその頃、新聞通信界を代表して貴族院勅選議員に選任されるが、そういう取引があったのかもしれない。貴族院は公選ではなく、皇族男子が自動的に就任する皇族議員、伯爵や子爵や男爵などを含む華族議員、そして国への貢献者が内閣の輔弼《ほひつ》で天皇から任命される勅選議員などを含む勅任議員から成った。

三年もの交渉を経て、同盟通信社は電通の合流を成さないまま三五年十二月に発足した。外務省から電通への当初の要望は、「電通を丸ごと新通信社に統合し、電通は解散」というものだったが、電通は同盟の成立直前に「通信部は同盟に譲渡するが、広告部は存続する」という提案をしている。まだまだすったもんだはあるのだが割愛して三六年六月、電通は通信部を切り離すことになるのだった。

・同盟は電通に対し金一八〇万円を支払う
・電通は一〇〇万円の資本金を倍に増資し、その新株は全部同盟が引き受ける
・同盟の広告取次事業は電通が引き継ぎ、電通は同盟に二五万円を支払う
・相互に重役を選任交換する

という、政府による裁定案の条件で合意されたのだった。

その時の光永の社員に向けた演説が、その苦衷を表している。

「今日は光輝ある電通の歴史に於て、後にも先にも唯一度しかない重大な用件につきまして、皆

様にお告げしたいことがありまして、お集りを願った次第であります」

　この導入部に続いて、通信部の切り離しという飲み込み難い結論を伝える。光永はそもそも通信社を経営したかったのだ。それを支える両輪として広告と通信を装備したのであった。

「負け惜しみの様ではありますが、私としても三分も四分も、六分も言うべき理屈は持っているのであります。しかしながら、今更これを穿鑿《せんさく》しますことは愚痴に過ぎないのでありますから、過去のことは過去に葬りたいと思うのであります」

　こう言いつつも、さらに続く。

「今日の結論から見ますれば、電通が兜を脱いだと言う人もあるかも知れませんが、私は電通が兜を脱いだわけではなく、勿論他が勝ったというわけでもなければ又敗けたというわけでもないと思うのであります」

　愚痴である。

「私は最後までがんばってきたのであります。最後までがんばり得たということは何物かそこに有したからである。もし電通が何も有するものが無かったなら、誰が手を尽くして誘いに来るものがありますか。其の何物かがすなわち名誉であり、諸君の長い間示されたる処の努力の結果であり……」

　お気持ちはわかったので、こんなところでいいだろう。

　国策により、電通から通信事業を奪った同盟通信社はその後、大戦の敗北後に乗り込んできた

GHQが、政府と新聞の分離を要請したことから自主的に解散した。その業務を継承する組織として「共同通信社」と「時事通信社」の二社が設立された。両社は現在（二〇一六年六月現在）でも日本マスタートラスト信託銀行に次ぐ、二位（保有比率六・五八％）と三位（同五・九七％）の電通の大株主である。

しかし、共同通信と時事通信に対する「国策企業」という批判は聞いたことがない。

通信部を失った日本電報通信社が、その通称であった「電通」を正式な社名として変更するのは、それから二十年近くあとの一九五五年のことである。

国策云々に関して、もう一つ言及しておかなくてはならないのが、広告会社の統廃合である。日本が日中戦争から大東亜戦争の深みにはまって、国も国民も困窮していく。当時の主要広告媒体である新聞は、どんどん薄くなり、広告面は自粛により減少した。さらに広告税が課せられ、広告界は惨憺たる状況となった。

青息吐息の中、商工省の主導により、広告代理業の整備統合と広告取引の合理化、新聞広告価格の適正化の動きがあった。

新聞社は開戦直後の四二年、新聞統制団体である社団法人日本新聞会の決定により、強権的な手法で統合がすでに行われている。

広告代理業者は、全国に百八十六社あったものが、十二社にまでまとめられてしまった。東京六社、大阪四社、名古屋一社、九州一社だ。

ところが、統合された十二社の中には、日本電報通信社、その大阪支社、名古屋支社、九州支局と、電通傘下の会社が四つも存在していた。さらには電通各社はこの過程において合計十六社を吸収したのだ。

これは当時の吉田秀雄常務取締役の暗躍である。吉田はのちに第四代社長に就任する、あの鬼十則おじさんである。彼は商工省の依頼により、計画から整備の原案作成、具体的な推進まで、まとめ役としての大きな役割を担った。

「……誰も知らぬ。電通じゃない、僕がやったのだ」

とのちに語っている。

当然、他社からの猛反発があったのだが、吉田は剛腕により乗り切ってしまった。これにより、日本の広告界はその発展の初期より、電通に有利なかたちで歩みを始めたのだ。

（以上は、『電通一〇〇年史』より著者が要約）

国策企業と言われる所以はここにあるのだと思うが、当時常務の吉田の、電通から見れば大活躍、他社から見れば簒奪《さんだつ》、策略によりこのウッチャリが決まった。通信事業の断腸の分離を目撃してきた彼にすれば、役人からの丸投げを好機として、してやったのだろう。

このように国策企業と言えるほど政府に保護されてきたわけではない。

他に、国を挙げての大イベントや自民党の選挙キャンペーンを歴史的に電通が扱ってきたからだろうか。民進党は博報堂が担当している。中曽根康弘氏も一時期、電通の顧問をしていた。癒着的体質がそこにあるのは否めない。

しかし、ネットに目を転じれば、電通は「反日企業！」と罵倒されている。

なんなんだ。

空気を淀ませるもの

足の骨を折って仕事を休んでいた人が職場に復帰してきたら、

「もう治ったのか。よかったな！　じゃ、お祝いに飲みに行こうぜ！」

となる。しかし、精神を病んで休んでいた人が復帰しても、こうはならない。

「お、おおぉ……」

と、なんだか微妙なことになるだろう。これは心理学の教授が言っていたことだ。

心理学の実験でこういうのもある。精神科病院の院長にだけ事情をお話しして、入院患者の一人として潜入取材を試みた実験である。潜入中になんと、院長が亡くなってしまった。その取材者は病院から出るのに大変苦労したそうだ。

「私は違うんです！」

「よく見てください。病気ではないんです！」

「実験として自分からここに来ているだけで、健康な人間なんです！」

必死になって言えば言うほど信じられない感じになるだろう。

広告業界には残念ながら精神疾患で休職する人が多い。いや、これは広告業界だけではないだろう。あの業界も酷い、あそこの会社はもっと酷い、と僕は傍聞しているぞ。日本中が病んでいると言っていい。

電通では以前はお茶に行く文化があった。朝、出社後しばらくして周りの社員がそんなに忙しそうでもないと、先輩や上司の誰からともなく、

「お茶しよか」

と声をかけて、三十分なり小一時間なり、喫茶店でコーヒーを飲んだ。そして、今取り組んでいる仕事の進捗状況とかトラブルの内容とかを共有した。仕事だけでなく、プライベートなことか話題の映画とか最新の技術だとか、様々なことが話し合われた。

ほんの十数年前のことだ。まだブロードバンドだ、テレビ電話だ、動画配信だとかで、インターネットが益々世の中を便利にしていくようなワクワク感があった時代のことだ。

いつしかそのインターネットによって世の中のスピードが猛然と、働く僕たちの人間性に迫り、そして追い越すような状況になり、職場はカタカタとキーボードの音だけが響く場所になってしまったような感慨がある。もちろん、どこの会社においても、今でも雑談をするようなことは普通にあるのだろうけど、大袈裟に言うとそんな感じだ。

僕も彼ら彼女らも忙しくなって、お茶はおろか、声すらかけづらいような殺気が背中から漂う

ようになる。そして、ふと見やると、フロアの向こうの方にいた若いやつの姿をここのところ見ていないことに気が付く。

「あいつ、最近どうしてるの？」

手近な誰かに尋ねてみると、彼は声を一段低くして教えてくれる。

「ああ、彼は先月から、心がアレで休んでいますよ」

やがて、彼が復帰してきても、冒頭のように、そのことには触れないように気を使うことになる。少なくともしばらくは腫れ物扱いとなる。元の現場に復帰する人もいれば、精神的負担が比較的軽い管理系の部署に異動して、そのままずっとそこにいる人もいる。

僕はある時、自律神経失調症で休職していた後輩に、アホのふりをして訊いてみたことがある。

「いや、僕は全くわからないから教えてほしいんだけど、それって、まず初めはどんなことになるの？」

彼は快く話してくれた。

「はい、まず、記憶がおかしくなるんです」

こういうことだった。やることが多すぎて頭の中がパニックになり、「これからすべきこと」と「すでにやったこと」の記憶が曖昧になって混同するようになる。

だから、取引先のプロダクションに電話をして、「あれをしてください」と依頼をすると、先方が戸惑った様子で教えてくれる。

「あのー、××さん、そのことなら十五分前に電話ですでに言われましたよ？」

これは怖いことだ。自分のことがわからなくなったら、何を信用していいのかわからなくなる。当然、正常な判断なんかできない。

鬱病も同様だ。再びアホのふりをして、経験者から話を聞いてみた。

「夜眠れなくなって、朝会社に行きたくなくなって、死ぬことを本気で考えるようになりました。『私が死ねば、あの野郎に仕返しできるのではないか』と。しかし、死んだら仕返しができたところも見られないと考え直し、奥さんの助けもあり思い止まりました。『行きたくない、行きたくない』と言う私の手を奥さんが引いて、会社の近くまで一緒に来てくれていました。最後は強制的に心療内科に連れて行かれ、鬱病の診断を受けました」

厚生労働省の長時間労働削減推進本部が発表した緊急対策の中に「メンタルヘルス対策に係る企業本社に対する特別指導：複数の精神障害の労災認定があった場合には、企業本社に対して、パワハラ対策も含め個別指導を行う」という項目があった。しかし、問題の本質は長時間労働ではなくて、高ストレス労働とパワハラにある。

企業に対する特別指導は結構だが、各社がＣＳＲ報告書の中で、精神疾患の労災認定を受けた社員数を公表するべきではないのか。

元々鬱気質を持って入社してくる人もいる。複雑な家庭環境で育って、自分の心との付き合い方が上手でない人なんかもいる。しかし、採用の時点でそれを見抜くのは企業としては難しい。またそれをしようとするとプライバシーや人権の侵害に繋がることもあるので、企業側に不利な状況があることは承知している。それでも、コンプライアンスだステイクホルダーだとキレイごとを並べるなら、それくらいやってもいいのではないか。「at stake」（危機にある）なのは誰なのか。

ステイクホルダーというのは、企業や団体の利害関係者という意味で、具体的には従業員、株主、債権者、取引先、顧客などを指す。ビジネスの世界で、この言葉が使われる際には、株主に重点を置きがちな印象があるのは僕の錯覚だろうか。仕事において、最も大きなステイク（賭け金）をベットしているのは従業員なのではないかと、僕は思う。生活そのものを懸けているのだから。

資金や売上金はもちろん企業の死活問題になるから決定的に大事だ。しかし、株式はボタン一つで売却して手放せるし、顧客は「二度と買わない」と容易く企業との付き合いを断てる。従業員も「やーめた」と辞表を叩きつけることはできるけど、その後困るのは自分と家族だ。

コンプライアンスという言葉も、一体誰の方を向いて、何に対して努力すればいいのか、よくわからない長ったらしいカタカナ用語だ。法令遵守と一口に言われるが、その内容は多岐にわたりすぎていて、社員教育、人材育成、労務、品質管理、環境対策などなどで、我々ボンクラ労働者からすると「なんか知らんけど、とにかく品行方正にしてハミ出すな」というくらいの認識でしかないだろう。日本中のどの大企業も、このコンプライアンスのために、現場からしたらよくわからないナントカ委員会とか、ドータラ推進室みたいな部署が次々にできていて、その認識をあんまり共有できておらず慙愧《ざんき》に堪えない。今となっては申し訳ございませんでしたとしか言いようがない。

電通も「エコ・ファースト」を標榜していて、ゴミ箱は十種類くらいに分かれていた。タバコの箱一つ捨てるのも、紙箱と内側の銀紙とプラスチックフィルムに分けて、あちこち歩いて捨てたものだ。しかし、早朝に会社にいた人が、廃棄物を収集する作業をしてくれる方がそれらを一緒のバケツに入れて持ち去るのを目撃したという、笑えないような話もある……。

エコ・ファーストと急に言われて、「クライアント・ファーストなんちゃうんかえ」と僕などは思っていたのだが、様々な問題が噴出するに至り「社員ファースト」という言葉も経営層の口から発せられた。遅きに失した感はある。

クライアントからのプレッシャー、人によっては上司や先輩からの命令、煩雑さが増す一方の社内ルール、自粛と言い訳ばかりを強いる社会への責任、これら全てが人間性の限界に達しつつある現状に、何も打てる手が思い付かない無力感が、ため息となって業界中の、そして日本中の空気を淀ませているように思う。

第二章　ダイジョーブか、広告業界？

たとえばCMの仕事

ＣＭ制作の仕事というとなんだか楽しそうな響きがあると思う。広告会社、とりわけクリエーティブ系の仕事とは、一般にはこのイメージがあるはずである。世には、面白い企画をどのように発想するのか、どうやって人に伝わる広告を創るのか、といったクリエーティビティに関する指南本はたくさんある。

しかし、では広告とはどのように作られるのかという、その手順や工程という仕事の部分についてはあまり知られていないように思う。ここで簡単に説明しておこう。なぜなら、後述する広告業界の長時間労働やムチャクチャな業務に関わりがあることであるからだ。

この項ではテレビＣＭを例に、その工程を説明する。

◆オリエン：正確な英語だと「Briefing（ブリーフィング）」になるのだろうと思うが、なぜか「オリエンテーション（新入学説明会みたいな案内の意味）」と呼ばれる。略してオリエン。しかし、日本ではこういうおかしなカタカナは珍しいことではないので、一旦措いて先へ進む。クライアント企業に呼ばれて、「新製品のテレビＣＭを制作してほしい。製品はこういうモノで、ターゲットは誰で、発売はいつで、こんなＣＭを希望します」といった意向がひと通り伝えられ

〔CM制作の順序〕

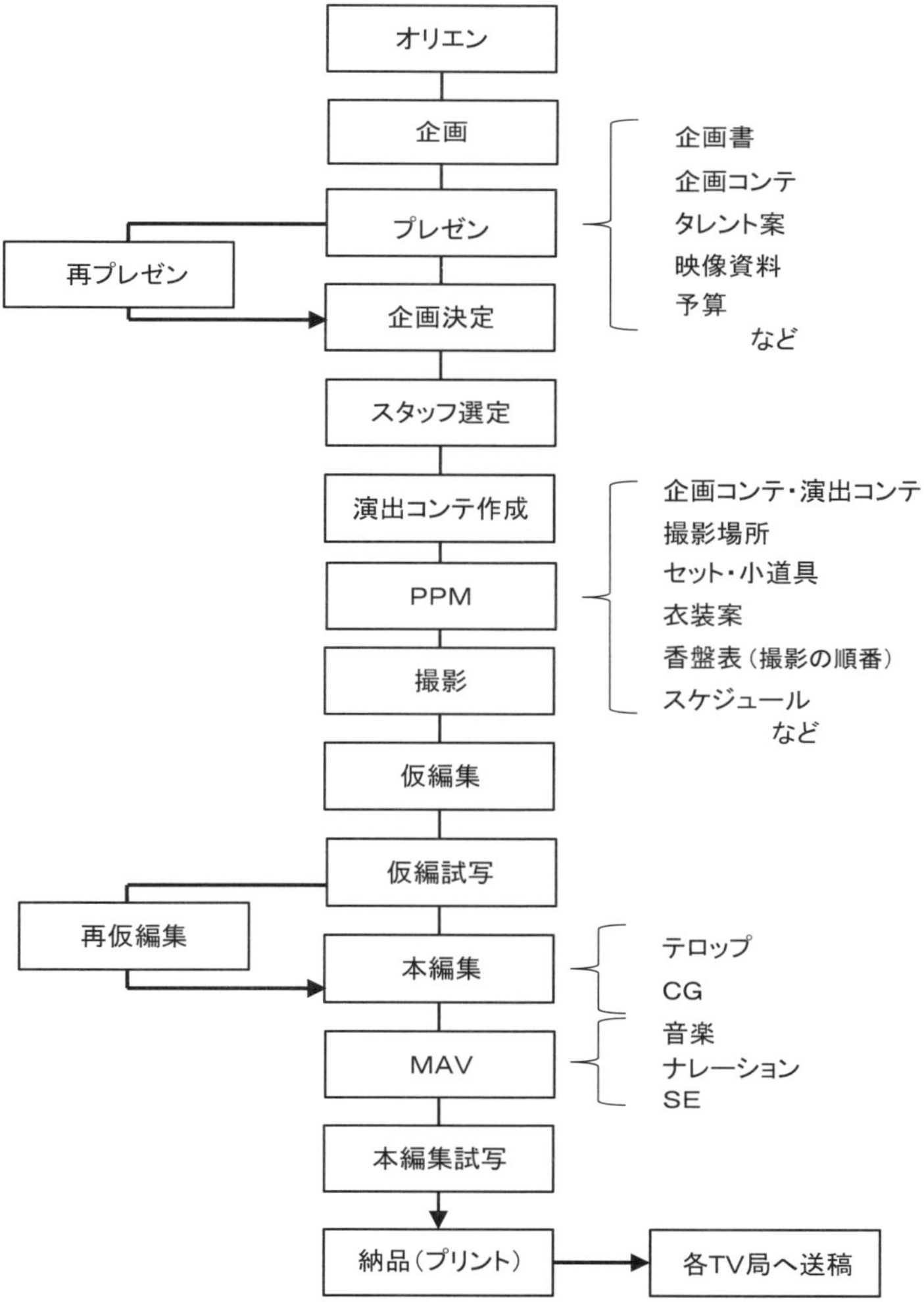
オリエン
企画
プレゼン
再プレゼン
企画決定
企画書
企画コンテ
タレント案
映像資料
予算
など
スタッフ選定
演出コンテ作成
PPM
撮影
企画コンテ・演出コンテ
撮影場所
セット・小道具
衣装案
香盤表（撮影の順番）
スケジュール
など
仮編集
仮編試写
再仮編集
本編集
テロップ
CG
MAV
音楽
ナレーション
SE
本編集試写
納品（プリント）
各TV局へ送稿

る。

これが競合プレゼンの案件の場合は、各社が会議室に一堂に会して話を聞くか、丁寧な企業なら一社一社時間を割いて説明をしてくれる。質問があればしてもいいのだが、他社がいる席では基本は質問はせずにそのまま帰る。そこからは営業の手腕で情報を持ってきたり、クライアントがどこに重点を置いて評価をするかなどを後日聞き取りしてくる。

といっても、公平性に留意するクライアントだと、全社に対して「こういう質問がありましたが、回答はこうです」という連絡を一斉に送ってしまう。

◆企画：理想的にはチームリーダーである営業が方針を決め、戦略立案をするマーケティングが説得力のある企画を描き、クリエーティブがそれを効果的に広めるために、視聴者の目を惹く表現を考案する。ところが、毎度時間をふんだんに与えられているわけでもなく、各部門が同時並行で動き出すため、自分勝手な人間が多い広告会社の中でもとりわけ自分勝手な人間が多いクリエーティブが「これでいきます！」と提案の最終形を書いてしまい、マーケが後付けでなんとか辻褄の合う企画書にでっち上げるということもままある。

企画書作成の段階で制作プロダクションに入ってもらうこともあり、実はこれが広告業界における長時間労働の一因でもある。提案する企画書作成の時点で、ものすごく絵が精密に作り込んであったり、すでに映像としてわかる、我々がビデオコンテと呼ぶ映像資料を作ったり、抜けがないようにあらゆる方向性の提案を七案も八案もそれ以上も提案したりといったことがある。

そこまでしようとすると広告会社だけでは手が足りないので、制作会社のプロたちの助けを借りるのだ。通常のコンテというあの四コママンガのようなストーリーを説明する資料も、プロの絵描きさんに発注して描いてもらう。

もしかしたら、電通は純粋に企画力が高いということ以上に、そういう外部スタッフを雇う資金力があるから、わかりやすい企画書、丁寧に考えられたように見える企画書、力を入れてきたように見える企画書を提案できるから強いのかもしれない。

そうやって、仕事を勝ち取るためにはできる限りのことを尽くそうとするのだが、この作業で人は倒れたりはしにくい。みんなで勝負事に向かっていく昂揚感があるからだ。

提案内容が自分たちでも自信が持てるものなら、なおさら無理をしてがんばってしまうものだ。

さらに、クライアント側にも問題はある。昔なら社員が手描きした拙い絵コンテで話ができたものが、「コンテが読めない」人が増えた、と古参の社員はこぼす。たとえば、「女の人が家にいる」という絵について、そんなに詳細まで描き込まれていなくても、想像で補って打合せができた。それを「どんな女性なのか。どんなふうなのか」「どんな服を着ているのか」「どんな家なのか。キッチンはどんなふうなのか。髪は長いのか短いのか」「窓はあるのか」「時間帯はいつ頃なのか」などなど、現時点でどうでもいいようなことまできっちり描かないと、「状況がよくわからん」、「イメージができん」とか、それこそよくわからん理由で落とされたりするからだ。

こうして、広告会社の企画書は誤解がないように、どんなに想像力がない人でも理解できるように、噛んで含めるように、結果膨大な作成時間が必要なものになっていく。

ところが、本当は、単なるイメージ図を描き込めば描き込むほど、「この女性のパーマが気に喰わん」とか、重要でないところが気になるのが人間で、ラフなスケッチ程度の方がよかったのだ。しかし、今はコンピューターのテクノロジーが発達して、グラフィックでも映像でも簡便に作れてしまうから、完成形になるべく近い「バカでもわかる」かたちで提案するようになってきた。

広告会社の人間には、どうでもいい細部を突き詰めるのが完璧な仕事で、クライアントへの高いサービスだと勘違いしている者もいる。これは実際にあった話だが、ある電鉄会社への提案書に、車内のイメージ図が必要で、CG会社に発注をして描いてもらった。できてきた絵はほとんど問題がなかったのだが、営業から夕方になって電話があった。

「あの絵な、窓の鍵の形が実際のと違うぞ」

どーでもいいだろう。CG屋さんは夜になってそれを直すことになる。

僕は「神は細部に宿る」という慣用句の意味をしょっちゅう考えざるを得なかった。

◆プレゼン：これが、広告会社が仕事を受注できるかできないかの戦場ということになるので、それぞれテクニックを駆使して提案を披露する。テレビドラマや映画でもお馴染みのシーンだ。人それぞれ得意な方法があって、人のマネはなかなかできない。パソコンで音声や映像を見せることができなかった頃は、よくラジカセやテレビデオをえっちらおっちら運んでタクシーでプレゼンの場まで乗りつけたものだ。

ちなみにタレントやアーティストが関わるプレゼンでは、事前に所属事務所に許可を得るのがルールだ。博報堂はたまに裏取りが未確定なまま派手にプレゼンをして、決定してからトラブるというパターンをやらかす。電通はそのあたりは堅実である（例外はあります）。前者はプレゼンが華やか、後者は地味というなんとなくの社風みたいなものがある。

◆再プレゼン：プレゼン一発で決定することもあれば、再戦になって修正すべきところを直してもう一度提案に行くこともある。それが二度ならず三度、四度となるとスタッフもだいぶ疲弊する。外部スタッフからしたら「この案件、成立するのかよ。このままペンディングになって立ち消えとかあり得るぞ」と警戒するだろう。

◆スタッフィングと演出コンテ：晴れて受注が決まると、どこの制作会社と実作業をするのかを決めるが、提案時点ですでに手伝ってくれている会社は当然このまま引き続き関わる。ここで重要な決定事項は、ＣＭ監督を誰にするかだ。ゴマンといる監督の中から、継続的な関係がある人、このＣＭのテイストをうまく表現してくれそうな人、ギャラが予算内に収まる人、今回求められる特別な能力がある人など、色んな理由で選定する。

演出コンテというのは、プレゼンで見せる企画コンテと何が違うのか。これは監督が描くものだ。企画コンテは基本的なストーリーラインを見せるもの。たとえば、クマちゃんがトコトコと歩いて、丘を越えるとしよう。企画コンテなら横からの角度でそれがわかりやすく描いてあればいい。

それが演出コンテになると、画角に対して大体これくらいの大きさでクマちゃんが映っているとか、横のアングルのみでなく、背後から写すインサートカットがあるとか、そこに字幕が入るとか、商品をどのように見せるかといった、何をどのように表現するか、というのを逐一表す。そして、各カットが何秒くらいなのかを目安として計算に入れておく。十五秒CMならこれくらいのカット割り、三十秒ならこう、というわけだ。

◆PPM：プリ・プロダクション・ミーティングのことで、撮影前の最も重要な打合せだ。クライアントを前に、広告会社スタッフ、監督、制作会社のプロデューサーらが万難を排して同席して、撮影とその後の編集に関する全てのことを確認する日だ。

「明日PPMがあってさ」とクリエーティブの誰かが言えば、「絶対に外せない会議がある」ということである。そして、それは前日に膨大な資料を作成することを意味する。実際にキーボードを叩くのは制作会社のプロダクション・マネージャー（PM）と呼ばれる若い社員なのだが、このあたりが「電通は下請けに丸投げして飲みに行ってる」などと批判される所以である。

一部は事実で、残りは間違いだ。クリエーティブの人間がこの日に飲むようなことはない。そして、制作会社のPMの隣りに付きっきりで指示をしてもいいのだが、彼からしたらむしろ迷惑だ。彼もプロとして自分の方法で作るから、一旦できた頃合いでチェックする方がお互いの精神衛生上よい。

飲みに行ってるのは営業とか営業部長で、クリエーティブの人間からしたら、飲みに行ってもらってるくらいでいいのだ。営業は基本的にはクライアント視点でモノを言う立場なので、正直、あまりこの場で口を出してほしくないという部分もある……。

もちろん、僕がコピーライターだからそのように感じるが、営業には営業の言い分があるだろう。いや、なくていいから、飲んでてください。

◆撮影：撮影当日はちょっとしたイベントのような日で、屋外ロケなら天気のことでヤキモキするし、スタジオ撮影でも段取り通りにうまく撮れるか、ちょっと心配であり楽しみでもある日だ。タレントや著名人が来るのならその場は華やかになるし、クライアントの上層部が入る場合は緊張感が漂う。

◆仮編集：なぜいっぺん仮の編集をするかと言うと、データ量を落とした軽い映像で必要なカットを簡易に繋いで、確認と検証を行うためだ。編集スタジオの一室で監督が編集技師の隣りに座り、モニターを見る。広告会社の人間は後ろのソファに座って、家庭にある液晶テレビでの見え方をチェックしているのが通例だ。

「データが軽いと、「ここ、こうしてみて」、「こんなのも繋いでみよう」という編集作業が素早くできるのだ。そうやって何パターンも作ってみて、クライアント担当者が来るまでに大抵ＡＢＣの三パターンくらいは用意しておく。

その時点では音声は仮のものだから、ナレーションは監督が吹き込んだり、広告会社の社員がマイクに向かって喋ったりする。

その仮段階の映像をクライアントが見て、

「商品カットをもっと長くして」

などと希望を言う。クリエーティブ・ディレクター（ＣＤ）や監督が、

「はい、では十フレ延ばして」

と技師に指示をして具合を見る。テレビ映像は一秒間に三十フレームだから、「十フレ」というのは約〇・三三三秒だ。

「いや、もっと長くして」

とクライアントはつまらないことを言う。商品の絵はＣＭとしては最も重要な部分ながら、視聴者としては最も見たくもない部分でもある。だから、そこでクライアントと制作サイドでせめぎ合うことになる。

「じゃあ……、もう五フレ」とか。

クライアントに意地悪をした逸話を聞いたことがある。

スタッフ全員がうんざりするほど、自社の商品が映るところばかりを「もっともっと」と長くしようとするクライアントがいて、監督は「じゃあ、もう五フレ」「もう三フレ」と延ばしていったのだが、クライアントがさらに要求する。

辟易した監督は、クライアントがトイレに行くため席を外した間に、作業をしたふりをして何もせず、戻ってきた彼に、

「こちらが元々の尺です」

「次にこちらが、長くした方です」

と同じ映像を二度見せた。

「うん、これでよろしい」

クライアントは納得したようだった。スタッフらが心の中で嘲笑ったことは言うまでもない。

◆本編集：仮編集のものをクライアント社内で回覧してもらい、ＯＫを得ると本編集に進む。得られなくて大手術が必要になると、もう一度仮編集することもある。こういうことをするとコストも時間も嵩む。仮編集で確認を取るのは、本編集で出来上がるものというのは一応、完成品だからである。

本編集で使う映像編集機材は、より高価なので編集スタジオ使用料の時間単価も高い。だから、仮編集の段階でカット割りや、文字要素、音声要素の構成は確定させた方がいいのだ。本編集ではそれを実データに載せ替え、ＣＧ部分があるならそれまでに完成されたＣＧをガッチャンコしたり、画像修正を施してきれいに仕上げる作業に留めることができたら効率がよい。

今は編集機材の進化が進み、かなりスピードも上がっているが、以前はテロップやワイプ画像などで映像に手を加えた時に確認できる画を結合するレンダリングの時間が長かった。

「はい、レンダリングしますので、三十分お待ちください」

となって、その間は目の前に制作会社が用意してくれたお菓子を食べてお喋りするくらいしかすることがなくなってしまう。それが何度も繰り返されると、すぐに何時間も経ってしまう。そうやって太っていく人も多い。

◆MAV：マルチ・オーディオ・ビデオのことで、今はほぼMAと呼ばれる。音声を重ね合せて一つの映像用にまとめる作業だ。

先の本編集で首尾よく映像が完成すると、音声スタジオに移動して、音響効果を加え、音楽を当て、ナレーションを録音する。複数の候補の中から選ばれたナレーターの方が防音の小部屋に入って、原稿を何度も読む。スタッフは外の部屋でそれをスピーカーで聞きながら、監督が、

「ここからここまで、ひと息で言い切ってください」

とか、

「語尾は伸ばさずに止めましょう」

などと細かい注文を伝えるのを見つめる。

中には、

「ふわっと、こうニュアンスの部分を、置くような感じで」

などと、わかったようなわからんような抽象的な指示をする人もいて、僕らは「どんなニュアンスやねん」と思いながらも見つめる。

監督というのは基本的には尊敬されていて、ＣＤもよほど意見に相違がない限り演出は任せるものである。

「では、さっきのテイク二十三のやつを採用しましょう」

となって、音声技師が言葉の初めと終わりのブレス（息）をカットして、音量を調整する。文章の中の単語と単語の間隔を短くしたり長くしたりもデジタルデータ上で変更が可能だ。

全ての作業が終わって、一同がクライアントの方を振り返る。

「はい、オッケーでしょう」

彼が納得すると終了だ。みんなで飲みに行く。が、ＰＭの若い子は、完成した音声データを映像技師のところに持ち込んで、音声と映像が完全パッケージになったデータを受け取ったり、事後処理があるので、飲みには来られなかったり、遅れて来ることになる。彼ら制作会社の尽力なしにはＣＭというものは成り立たない。

この項の初めに「簡単に説明する」と書いたのに、長くなってしまった。このように、ＣＭ制作の仕事というのは膨大な労力と時間を要するものなのだ。非常に面倒くさい、細々とした準備と確認作業が各段階で存在する。

これがさらに想定よりも長時間に及ぶ理由を、次項でお話しすることにする。

オレは何屋さんなんだ

傍目には楽しそうに見えるテレビＣＭの仕事が、実は長い時間と大変な労力をかけて制作されていることを前項で説明した。それが印刷系の広告であっても、オリエンを受けてプレゼンして、制作することに変わりはない。カンプと呼ばれる仮の原稿で合意を形成していき、実際の撮影画像やＣＧ画像などの技術を用いて原稿を作り、文字要素と画像を確定させて印刷会社に入稿する。

印刷会社からはほどなくして色校正という色をチェックするための紙が提出される。それに赤ペンで修正指示や注意点を書き込んで、印刷に回してもらう。

つまり、映像でも印刷でもウェブサイトでも、制作の各段階には順序とその意味があるのだ。当然の話だとは思うのだが、これを理解していない人が広告主企業に多いのではないかという疑念すら湧く。

ＣＭ制作の工程の中で、撮影当日はもちろんだが、重要なのはＰＰＭと仮編集ではないかと思う。

ＰＰＭは撮影前の全項目を確認する会議なので、前述の通り、制作スタッフは何があっても出席するべきものだ。この場で約束するものはやるし、約束していないものはしないというくらい厳密であるべきものなのだ。契約の場と換言してもいい。

たとえば、「こういう別カットも、念のため撮っておいてください」、「こういう台詞も、一応押さえておきましょう」、「こんな衣装も万が一の時のため用意しましょう」などと、不安がある部分は潰しておく。

仮編集も同様で、「こういうバージョンも繋いでみましょう」といくつか違うパターンを用意したり、アングル違い、台詞違いを編集してみたりする。それは前述のように、本編集はあれこれ試す場ではないからだ。

ところが、クライアント企業の中には、「どの段階で何を言ってもいい」と思い込んでいるような工程無視の指示を出してくる人がいる。ＰＰＭで確認を得たのに、撮影後に衣装に関してＮＧが出るとか、色校正なのにコピーに対して大規模な修正が入るとか。だけど、納品日をそれによって延期してもらえるようなことはないから、各方面に負担を強いてなんとかやり切ることになる。

大抵はＰＰＭや撮影の現場にいなかったおエライさんに多いのだが、上の立場の人というのは、現場が働きやすいように環境を整えるのが仕事で、いちいち現場に口を出して混乱させることではないのではないか、というのが下っ端である我々の意見、いや愚痴である。そして、広告物を確認してもらうのは大切なことだが、今どの段階にあり、どういう議論の末ここに至っているのか、部下は部下でちゃんと説明してもらわないと困る。

僕はクライアントの広報部に若い社員が新たに配属されてきた時に、前項の工程フローを作って、「一度、彼にどういう手順で作るものなのかご説明する時間をもらえませんか？」と営業に頼んだことがある。最低限、現場の人がわかっていないと、上役に説明すらできないのは当然だからだ。関わっているうちにわかることとは言え、事前に手を打っておいて間違いはない。鬼十則にも「仕事とは、先手先手と『働き掛け』て……」とある。

慣れない部署に来て、電通という怖そうなプロ集団に取り囲まれて仕事をしていかなくてはいけない若いクライアントからしても、工程を事前に知れば、各ステージにおける作業とその目的への理解が深まり、仕事がより楽しく感じられるのではないかと思ったのだ。どうせ携わるなら電通をうまく使って楽しく仕事をしてもらった方がよいに決まっている。

結局、それはならなかった。僕が異動したのか、しばらく会いに行く機会がない時期でうやむやになってしまったのか覚えていないが、もしかしたら営業が嫌がったのかもしれない。電通の分際でクライアントにものを教えて進ずるなどおこがましいとでも思ったのだろうか。

広告は常にカスタムメイドなので、予算も制作期間も毎度マチマチだ。何か変更がある度に「見積とスケジュールを出してください」とクライアントから言われる。僕はあまりに変更が度々重なったある案件で、途中からスケジュールを提出するのをやめたことすらある。スケジュールには当然、こちら側がいつまでにすべきことと、クライアントにいつまでにしてもらわなければならないことがタイムラインとして並べてある。しかし、こちらが約束を守っても、あちらが必要な情報や素材を用意してくれないと、それより先が後ろに押されていく。

「スケジュールを出してくださいと言ったでしょう」

と問い詰めるクライアントに対して、

「スケジュール出したところで、守られないじゃないですか。なんの意味があるんですか」

こういうことを言ってしまうヤツはダメだ。僕ではなく、僕の上司にクレームが入り、「あいつを替えろ」という話になる。当時の上司たちには迷惑をかけたし、「いえ、これはどうしても前田にさせます」と僕を守ってくれた彼らに今さらながら感謝である。その節は面目ないことですみませんでした。

制作物に大きなミスがあった場合は、急な修正や対応というのは仕方がない。それが広告会社とクライアント企業のどちらのミスであったとしても、ここは一致協力して乗り切るべき場面だ。しかし、「あのー、今日入稿の予定で、印刷会社さんが待ってるんですけど」というタイミングで、どうでもいい指示をよこすクライアントも実に多い。それは、入稿とはどういうことなのか、色校とは何なのか、ＰＰＭとはなんのために行うのか、仮編集と本編集の違いはどういうことなのか、これらをわかっておられないとしか思えないのだ。

こういうことが日常茶飯事に起きる背景として、日本企業特有の要因がいくつか思い浮かぶ。

それは意思決定の曖昧さ、下手クソさである。日本が世界に誇るとある大企業の仕事を担当した時に感心したことがある。オリエン内容を示した紙の資料に、ハンコを捺す欄が三つあり、主任、課長、取締役のような三人の職階の違う担当者がそれぞれ確認済みであるという証拠を残しているのだ。当初オリエンされた内容が、いつの間にやらズレて変わっていってしまうようなことも珍しくはないので、責任の所在が明記してあると、気休めだとしてもこちらは安心できる。ちなみに、このクライアントの仕事は、家に明け方帰って仮眠して仕事場に戻るような日々が続き、結局は本当に大変だったのだが。

それでも、社内でちゃんと承認されたものを広告会社に求めるというのは最低限してほしいことではある。会社が大きくなるにつれて、広告宣伝部が起案したものを上層部、開発部署、販売担当などなど多岐にわたる人たちに納得してもらうのは難しいことだとはわかる。しかし、その意思決定プロセスの合理化は、経営スピードに関わることであるという認識が広く共有されるといい、と僕は夢想する。あとになって誰かが文句を言い出して、収拾がつかなくなるような事態がよくあるが、部外者である広告会社を巻き込んでまで、時間と労力の無駄すぎるだろう。

そういう際は大体、販売戦略も他社にならったような面白みのない、無難なものに落ち着きがちだ。誰もが反対しないものとは、そういうものだ。

日本企業はというか、日本人はと言った方がいいのかもしれないが、組織のヒエラルキーの中で、権限の委譲がとにかく苦手だ。それは広告会社のコピーライターであっても、その「ジョブ・ディスクリプション」が曖昧だったりすることからもわかる。ジョブ・ディスクリプションというのは、「私はこういう役割でこの会社に雇用されている」という職務内容の定義だ。「こういう職能により、こういう責任を負い、こういうことをする。そして、こういうことはしない」という責任範囲と権限を明確にしたものだ。

これがないから、コピーライターの僕が契約書の文案を書かなくてはいけなかったりした。コピーライターなので、文章をわかりやすくしようとすると法務に指摘されるのだが、かと言って彼らが書いてくれるわけではなく、「オレのジョブ・ディスクリプションはなんやねん！」と腹を立てていた。

日本中の多くの企業でジェネラリストを育ててきたし、そういう人が上階層へ上がっていく風習でやって来た。だから、エライ人であれば、いつ誰に何を言ってもいいことになっているように思う。

上の人は大きな戦略を構想して、下の人はそれを具体的に表現し伝える戦術を練る。そのお手伝いのために広告会社というプロ集団が毎日アホなことばかりを考えて、どうしたらいただいたおカネを無駄にせず、それ以上の価値としてお返しできるか思案している。

関わってモノを言うなら、ちゃんと広告チームに入って、ＰＰＭにも撮影にも編集にも立ち会ってほしいし、関わらないのなら、ちゃんと部下である広告宣伝部なり広報に責任とともに決定権を与えてもらいたいと思う。

「それはワタシの仕事ではない」

とおっしゃるなら、

「広告はあなたの仕事ではないので、広告チームに任せたらいかがか」

こういうことを言ってしまうヤツはダメだ（再掲）。電通を辞めることになる。

僕はいつも「広告とはラーメンみたいなものである」と思ってきた。誰でも食べたことはあるし、一家言ある。出汁の取り方、醤油の量、麺の茹で具合など何かしら言いたいことはあるだろう。歯磨きチューブを作っている会社で、イソプロピルメチルフェノールの配合量を開発部以外の人間が口出ししてきたりはしないだろう。いや、するのかな……。

だから、現代の広告が面白くなっていて、テレビＣＭで評価を得ている企業の多くは、社長なり責任者がＣＤと直接仕事をして、決断が速くて決定的なのである。面白さを合議で決めたりはしないのである。僕は小さな賞をいくつか受賞したに過ぎないコピーライターで、自分の能力のなさを棚に上げて言ったけど、ＣＭの面白くなさの責任を一身に背負うつもりもないので、ＣＭの敗因の一つを構造として提示したまでだ。

ラーメンはラーメン担当が精魂込めて作るから、その権限を委譲するべきなのである。

世の中はＣ案でできている

「広告は毎回カスタムメイド」と何度か書いたが、それがどういうことなのか、業界外の人にはなかなか理解できないと思うので説明する。旦那さんや奥さんが広告会社にお勤めの方は、「なぜあの人はこんなにも家に帰ってこないのか」不思議で仕方ないと思う。

「一体、どういう仕事してんだ！」

「広告作ってるんだったら、さっさと作って帰ってこい！」

とお怒りだろうと思う。それで浮気しているのではないかと疑われたりして、離婚に発展したりする。……いや、してるのかもしれないけど、仕事もしている、はず。

僕の先輩で結婚を二度している人がいるが、彼は「派遣の事務担当を含め、社内結婚しかしたくない」と言った。その理由は、「よその会社しか知らない人には、どーしても理解してもらえないから」だという。

もう何十年も前、広告というのはお得意から依頼されて、考案して、制作して、印刷会社や新聞社に入稿する前にやっと、「今回はこういうのを出しておきます」と確認してもらうという呑気な時代があったらしい。

現在はこうだ。ポスター制作を例にお話ししよう。何十、時には百数十というコピー案とグラフィック案の中から、提案は少なくともＡＢＣの三案程度は行う。

「Ａ案はＡという強みがあります。Ｂ案にはＢという特長があります」

と、仮にしよう。すると、

「ＡもＢも捨てがたいから、ＡとＢの要素を足したＤにして」

とクライアントから要望を受ける。シンプルにするためにわざわざＡとＢを別の案に分けてあるので、そうそう簡単なことではなかったりするのだけど、営業が真っ先に「検討します！」と返事してしまうので、そうすることになる。で、D案で進めようとする。

数日後、D案を目に見えるかたちにして資料として再度提案に行く。

「うーん、やっぱり元々の方がよかったね。Aにしよう」

とクライアントに言われて、この数日が無駄になる。言わんこっちゃない。

それから、A案を具現化するにあたり、関連する多くの要素を各三つの選択肢を用意して、クライアントに選んでもらうことになる。たとえば、モデル女性が洋服（商品）を着て自宅の一室で立っているビジュアルだとしよう。

まず多くのモデルの中から書類選考やオーディションで三人選ぶ、そして自宅のイメージ違いで三つのハウススタジオ、背景にある観葉植物三つ、家具のテイスト三種、撮影する際の女性の大きさや角度三種などを予めお伺いを立て、決定してから実際の撮影をする。

それが済むと、カメラマンとクリエーティブ・チームで選りすぐった撮影画像を用いて、コピーの入れ方や、ポスターの下に入る商品画像やロゴマークのレイアウト違い三バージョンなど。これを各段階で、全てデザイン会社のデザイナーにＭａｃで紙に描いてもらって、クライアントの確認を取って、一つずつ決定していく。

僕は電通入社と同時にコピーライターになったわけではなくて、別の部署で五年ほどセールスプロモーションの仕事をしてから、広告制作に関わるようになった。その頃、驚いたしイライラしたのが、このなんでも複数案をクライアントに提示して選んでもらう進め方だった。相手が大きな得意先であればあるほど、このように逐一顔色を窺うようにソロリソロリと制作作業を推進しようとする。

あまりになんでもかんでも選択肢を設けるので、上司に噛みついたことすらある。

「なんでそこまでせなあかんのですか！　相手だってわかるでしょう」

「わからへんねや！」

制作会社の人がギョッとした顔で僕を見ていた。「思ったことを言うてまうアホが来た」と思ったのか、「事情を何もわかっていないアホが来た」と思っていたのかはわからない。

慎重とも言えるけど、つまりは臆病なのだ。「このカーテンの柄が気に喰わん！」などと、前項でも触れたように、思わぬところにケチがつくことが実際にいくらでもあるし、それを避けたいがためにとにかく全部選択肢を用意するのだ。責任をなるべくクライアント側に押し付けるように、何でもご用意してお選びいただく方法を取るのだ。

ホイチョイ・プロダクションズの『気まぐれコンセプト』は、広告業界のバカバカしさと軽薄さを描いたコメディ漫画だ。その『完全版35年分』（小学館）という分厚い本の表紙をめくると、レイモンド・チャンドラーの言葉が書いてある。

「チェスは人類の知性の最も精巧な無駄遣いである。広告代理店が社内で行っている知性の無駄遣いを除けば…」

右記の確認作業の挙句の果てに、そのどこか途中段階で、「役員がこのビジュアル案はダメだと言ってる」などと振り出しに戻ったりする。

どうですか。めちゃくちゃ面倒くさいでしょう？　これがあなたの旦那さんや奥さんが家に帰ってこない理由です。夜な夜な変身して人命を助けているわけでも、料亭に出向いて悪徳政治家を成敗しているわけでもありません。

そもそものオリエン資料が書けないクライアントも多い。広告会社に提案を求めるにあたり、「今回の商品はこういうもので、こんなこんな特徴があります。中でも、この点については他社よりも優位性が実証されていまして、特に強調したい部分です。購買層はこういう方たちで、こんな時に買ってほしいと考えます」といった説明資料を渡すのだ。

「広告は弊社のブランドである××と結びついた誠実、堅実なイメージが必須で、伝えたいのは清潔感と手頃な価格です」のような大まかなイメージや、その他、競合他社の状況、発売時期と広告戦略の展開時期、インナー（クライアント社内と販売網）でのプロモーション計画などなどの情報をまず提供いただくわけだ。一見無駄に見えても、広告会社としては、情報は多ければ多いほど取っ掛かりとしては助かる。ヒントがないと、摑むところがないツルツルの岩山を登っていくような気持ちになる。

そして、商品特性の中から最も強力そうなものを広告表現に転じて、企画制作していくわけだが、先述のように意思決定がグラグラだと、

「スーパーナチュラルエクストラクト製法でおいしさUP！　ビタミンCもプラス！　カロリーオフ！　体重が気になるあなたにも、健康を気づかうシニアにも！　オフィスでもおでかけにも！　NEWパッケージ！　お安くなって新登場！　駅売店やコンビニで！　三〇周年ありがとうキャンペーン実施中！」

のような「どないした。気でも触れたか」というものになる。しかし、広告会社の方から「訴求点を絞りましょう」と何度お願いしても、世の中にはこういう広告がなくならない。力関係では広告会社は常に広告主に勝てない。泣く子とお得意には勝てないのだ。

クライアントからすれば、社内のエライさんやあちこちの部署から、手落ちや抜け、漏れに対するツッコミが入っても、

「ハイ、全て入れましたです。言うてます言うてます、ハイ。伝わるかどうか知りませんが、入ってますから、ハイ！」

と言って、ドツキ回されるのを避けたいのだ。

そういう迷走は、オリエンペーパーがそもそも絞り切れていないことから始まったりする。もちろん、ポイントを決め切ったはずなのに、あとからあとから追加されてきて、このようになることもある。全国のデザイナーたちが、おデコでiMacの画面を叩き割らん勢いでうなずくだろう。

「電通は巨大な力を持っていて、一流企業と仕事をするから、僕らのようにアホみたいなことに

は巻き込まれていないはずだ」とお思いの全国の同業者の皆さん、安心してください。皆さんと同じです。

全てのスタート地点がオリエン資料なので、これを書くには決断力がいる。各方面への調整もいる。企業の中では大変な作業なのだ。

「なんだか長々と書いてあるけど、これ中身がないじゃん」というペーパーもある。詳細を聞きに行くと、やはりなんだかわからない。ワンマン社長の会社に多いパターンとして、彼の頭の中には何事かイメージはあるのだろうけど、それを言語化して、論理的に整理して伝える人がいない。

「ワーワーワーで、ドカーン！　そう、こんな感じのＣＭ」

すみません。僕らは「おもしろビデオ」を作る会社ではありませんので……。

最も困るのが、社長もしくは、そのバカ息子が考えたＣＭ案とかを強要される場面だ。それが一〇〇％面白くないのだ（当社調べ）。

電通というのは、それなりのものは作る。村で一番のバカが集まったような連中が制作を担当している。そこらのバカには負けないのだ。空振りもするけど、出塁率としてはそこそこの成績を残す人たちだと思う。スーパーで買ってきた麺と具材をラーメン屋さんに持って来て、「これで作って」みたいなあんまりなことはやめてください。

広告というのは民主主義国家の政権みたいなもので、「その国民のレベル以上のものは求められない」。つまらない広告をする会社はつまらないし、アクどい表現をする会社はアクどいのだ。こういう話は広告会社の中では格言のように口の端に上るけど、クライアントに聞こえる可能性がある一般社会ではほとんど聞こえない。それほどクライアントは王様なのだ。

話をわかりやすくするために、広告会社の担当者の力量不足はここでは完全に脇に措くけど、「世の中はC案でできている」という言説を僕は唱えている。

電通だって人の子ですから、いいものを作りたい。いいものの定義はあれこれあるとして。だから、プレゼンの時には、「これはどうだっ！　というA案」、「こんなのもアリます！　というB案」、そして、「とは言っても、色々事情もおありでしょうし、クレームとか来たら困るでしょうし、取締役とか創業者とかおじいちゃんたちにもご理解いただける無難なC案」を提案するのだ。

すると、大概C案が採用される。

営業から電話が来る。

「この前の件、プレゼン勝ったから」

「やった！　ありがとうございます。それで、どの案です？」

「C案」

「……」

となる。では、C案なんてハナから提案の俎上に載せるなよ、と思うだろうけど、そうはいかない。なぜなら、この場合、クライアントはA案やB案のようなものは求めていないのだ。そして、C案のようなものをもしも博報堂はじめ、他社が提案してきたら負けるから、穴を埋める目的で提案せざるを得ないのだ。ビジネスである。

あちらも事情なら、こちらも事情なのだ。谷崎さん（仮名）、あとは引き取ってください。この人は、広告主企業のそういう人間模様をつぶさに見てきた。

「多くのメイカーや企業の実態は、社内的な政治に配慮した無難な戦略をできるだけ地味に立案します。具体的には、あくまでも社内用に、昨年比一〇一％的なできそうな成果を目標にします。そうやって、可もなく不可もなくな作戦を立てる傾向があります。どんなユニークで斬新な企画でも、ほぼプレゼンに通ることがないのは、彼らが社内で提案する気がないのです。自分たちが理解していないので、そもそも上長に説明できません。面白い企画を面白く説明できないのです」

かくして「世の中はC案でできている」ことになる。

数少ない成功事例を持ち出して、「それは違う！」と言うのは簡単だし、「うちは違う」と言う企業は、きっといい会社なのでその調子でがんばってください。しかし、野球選手が全員イチローたり得ないように、我々凡人は凡人なりの忸怩たる思いと焦燥を抱えて、今日も明日も小さな喜びを探して働くのである。

敵は社内にも社外にもいる

体育会系の人のことばかり悪く書いてしまったが、僕が尊敬する先輩の中には体育会系出身の人たちもいる。「俺のことかも?」と思った電通の先輩。あんたちゃうで。

エラソーなのは何も体育会系ばかりではない。

クライアント企業の中にも、広告会社にエラソーに接してなんの目的かわからない圧力をかける人がいる。男性にも女性にもいる。世の中の不満を全部抱えたような常に不機嫌そうな顔で、こちらは何もおかしなことはしていないのに、高圧的な人たちだ。

「明日までに百案持って来い！」

「とにかく、うちの商品、全員買え」

「何やってんだ、あんたたちは！」

何やってんだって仕事してるんですけど、少なくとも僕は社外の取引先の人にこんな口を利いたことはない。何かポカをしたり、すべきことができていなくてイラッとすることがあって、多少キツイことは言うかもしれない。それでも、常にそういう態度で他人を扱うことはない。

電通というと、それこそエラソーにふんぞり返って、周りの誰もがヘコヘコと媚びへつらっているようなイメージを持っている人も多いと思うが、七千人いる社員全てがそうではない。多くはクライアントの言うことをなんでも聞いて、扱いを失わないように、今日も大過なく過ごせるようにヘコヘコとしているのである。ヘコヘコどころか、ベッコベコである。特に取引の歴史の長い大企業を担当する営業に多いタイプである。

なぜなら、良くも悪くも、そういう大企業は新進気鋭の若手営業マンがガンガン攻めなくても、仕事は毎年一定量の発注が見込めるからだ。好意的な言い方をすれば、大企業の各部署に特に嫌われることなくニコニコと付き合い、話をじっくりと聞き、堅実な仕事を重ねることで信頼を得ていくわけだ。

逆に成長中の業界や企業に対しては、活きのいい営業をあてがうとうまくいくことの方が多い。もしくはそういうタイプがそういうクライアントから仕事を獲得してくる。

社名を書いてやりたいけどグッと堪えて、ある大手企業にものすごく高圧的なタイプの女性担当者がいて、電通の営業も完全に見下されていた。営業は単なる打合せの日時を決める役割だけの人で、打合せでもCDの方にしか目も合わせないし、話し掛けもしないような感じであった。

スタッフもビビッて、この人が言うことをかたちにすることばかりに専念するようになって、CMとしてどうなのか、広告クリエーティブとしてどちらがいいのかということには目がいかなくなるような状況だった。監督が外国人だったのだが、わからない日本語を聞いていてすらわかるようで、

「あの人はなんでいつも怒っているのだ。だからみんなから obnoxious なのだ」

と僕に言った。僕はそれでオブノキシャスという難しい単語を学んだ。「忌み嫌われている」という形容詞だ。まさに蛇蝎《だかつ》のごとくであった。誰だって人間だから、一生懸命作ったものに対して、「いいね！　だけどここさ……」とか「ありがとう！　でも、一ついいかな」と、気を使ってくれる人に対して、もっといい仕事で返したいと思うのではないか。

雑誌広告のデザインに細かく修正を入れてくるクライアントにも、電通のアートディレクターが辟易していた。

「前田さん、これ見てください……」

泣きそうな声で、彼女はこの案件には無関係の僕に見せてきた。誰でもいいから言わないと気が済まなかったのだろう。そこには、あるキャラクターが百体以上もちりばめられていたのだが、その一つひとつに赤ペンで、「これくらい大きく」「これはここまで小さく」「これの位置はここに」などと指示が書き込んであった。

こういうデザインに関わる細部は、プロに任せた方がお互いのためなのだ。

「まぁ、参考までに、ということで君が思うようにやったらいいよ」と僕は彼女に言った。

僕の友人であるベテラン監督から聞いた昔話がある。クライアントが演出のあまりに細かいところに対して口を出すため、初めはガマンして聞いていたが、とうとう怒り心頭に発し、

「そこまで言うなら、あんたがカメラの後ろに立って演出してくれ！」

と言い放ったという。若いって素晴らしい……。

おカネを払って彼らを雇っているのだから、クライアントが指示するべきは、「事実関係」と「製品の扱い」に関する部分に留め、デザインや演出に関わる部分は専門の人に自由にやらせる方が、彼ら彼女らも腕を振るって仕事をする。そうすれば、こちら素人の予想を上回るレベルの仕事をしてくれる。これは、僕が電通を辞めて、デザイナーに発注する側になって思い知ったことである。

再び、広告とはラーメンみたいなものなのだ。ラーメン屋のカウンターにお客が座って、厨房をのぞき込みながら、

「器は予め温める！」

「はい、麺上げて！」

「ネギもっと入れる！」

などと指示を出したら、いくら客でもおやじは怒り狂うだろう。

確かにええ加減なやつも多いけど、デザイナーがどれほどデザインのことを、コピーライターがどれほど言葉のことを、写真家がどれほど写真のことを、監督がどれほど映像のことを、考え学び思い実践してきたか、リスペクトを求めることはいけないことなのかね。

今の広告業界には、そのリスペクトがない。徹底的にないと言っていい。

だから、提案して、採用されてもいないロゴマークが、後日勝手に使われていたりする。

広告業界の人なら、どんなに有名な人でも、実力のある人でも、ほとんど誰も口にできなかっ

たこのリスペクトについては頷いて、僕に酒の一杯でもおごりたい気持ちになるのではないか。そこは是非遠慮しないでおごってもらいたい。

フェアであるために、電通内のエラソーな人間についても書いておこう。これは僕の体験ではなく、前出の谷崎さん（仮名）から聞いたことだ。

電通が上場する前の二〇〇〇年代以前のことだ。企画会社に勤めていた彼は、ある企業の新製品ローンチ（デビュー）のプランを、電通と組んでプレゼンすることになった。電通の担当者が高級ブランドのスーツを着たエラソーな男で、「毎日新しい企画を俺んとこに持って来い」と義務付けたという。

で、谷崎さんは毎日毎日企画書を書いては彼のところに持ち込むのだが、「ダメ」「ダメ」「これもダメ」と否定され続け、どうしたらよいかという助言もなく、ノイローゼ寸前に追い込まれたという。要するに丸投げするくせに、ふんぞり返ったままリーダーとしての役目も果たさないのだ。

いよいよプレゼンという段階では、毎日の企画書の提出に加え、プロジェクター用のプレゼン資料の作成も加わり、朝十時からの定例会議を終えると、自社に戻って企画書の修正。それから、デザイン会社にお邪魔してそこのスタッフと、グラフィックやパワーポイントのアニメーションなど全ての手直しを深夜まで続けた。

そのプレゼンに首尾よく勝利したことにより、谷崎さんは彼に気に入られ、その後も同様の仕事によく指名がかかるようになった。朝まで企画書の修正作業をした後に、ゴルフに同行させられることもあり、「この人は鬼か！」と何度も思ったという。

今で言うパワハラに相当するが、結局社外の人は訴える術がない。カネに追従することをやめ、付き合いを断つしか方法がない。

それでも、彼は言う。これは電通を擁護するために僕が書きたいのではない。谷崎氏が「これだけは言いたい」と言うのだ。

「よかった点がないかと言われると実は、私が彼と仕事をしているということが電通の部署内に伝わり、どんな困難でも立ち向かうイメージが私につき、他の方からも多くの指名を受けるようになりました。また、あの人以上のパワハラをする人などなく、どんなタフな仕事でも、あれよりキツイ仕事などあろうはずもなく、耐性を付けるという意味ではよかったと思っています。……決して感謝はしていませんが」

スポーツでも勉強でも仕事でも、きっとこういう期間はあるもので、たとえそれが強いられたものであっても、死にもの狂いで取り組むことを完全に否定はしにくい。漫然とバットを振っていて松井秀喜は出来上がらなかったろうし、一方で、野球を諦めなかったらジャイアント馬場は誕生しなかった。時代錯誤だと言われるだろうし、そもそも喩えがものすごく古くて恐縮だ。自分でもここでジャイアント馬場が出てくるとは思わなかったぞ。

エラソーな人間によるパワハラは親告罪のようなもので、本人に悪気がない場合もあるし、どんなハラスメントにも共通して言えるのが、「あの人はいいけど、この人はダメ」という恣意性。怒鳴る、無視する、侮辱する、殴るなどは論外として、谷崎さんは「散々仕事を発注された上、あちこち引っぱり回された」という、他人から見れば「めちゃありがたい話やないか」と受け取れなくもない事例だ。

しかし、少なくとも目に余る長時間の拘束はパワハラに間違いはないだろう。

僕にもそんな経験があったのを思い出した。これは一緒に巻き込まれた先輩、竹本さん（仮名）とは今でも会う度に「あの時は酷かったなぁ」と苦笑しながら語る話だ。こんな話がいくらでも出てくる。これで本が一冊書けるくらいだ。いや、今それを書いとんねん。

元山ＣＤ（仮名）という上司がいて、気のいいおっちゃんなのだが、仕事にのめり込む割に視野が狭い人だった。ある企業の競合プレゼンで、その競合相手の一つになぜか同じ会社なのに電通東京本社が入ることになったと聞いて、彼の何かに火を点けてしまったようだ。

企画会議に竹本さんと僕がどんな企画を持ち込んでも、「わからん」、「わからん」の一点張りでわかってくれようともしない。つまり、「自分で考えたもの」、「自分の頭から捻り出したもの」しか受け容れられないのだった。

夕方四時に始まった会議は、夜になり、テッペンを越えた。心配した制作会社のプロデューサーがおにぎりを差し入れてくれた。いや、一番かわいそうだったのはこの彼かもしれない。そのまま時折飲み物などを差し入れてくれる以外は一言も喋らず、ずっと同席していたのだ。

夜中三時くらいになっても、「わからん」は続き、僕はこの時点で考えるのを放棄した。この人が自分で何事かを書かないと気が済まないことに気付いたのだ。やがて、元山CDがスラスラッと何か書いて、

「こんなんどうやろ……」

と尋ねるので、僕は、

「いいんじゃないですか」

と言った。できる限り真摯な感じで口にしたつもりだったが、演技の甘さがバレていたようだ。

「なんや、お前！　なんでもええ思てるやろ。帰りたいんか」

帰りたいわ！　もう十一時間ここに座っとんねんぞ。関空からニューヨーク手前くらいまで行けるわ。だいぶ前から直行便ないけど。

結局、打合せが終わったのは朝の八時で、十六時間同じ会議室にいたことになる。しかも、これで終わらない。その翌日、つまり初めの会議から三日目も、夜八時から始めた打合せが同様の状況で朝十時に終わる始末。

この時初めて、僕は会社でギブアップしかけた。別の上司である米原さん（仮名）に時間をもらって、「所属を替えてください」とお願いしたのだ。米原さんは僕が「ちょっと時間もらえますか」と声をかけると、忙しそうにしていたのだが、僕の目の色を見てすぐに何事かと察して、

「お、おぉ、わかった」と手を止めて時間を割いてくれた。

彼とよく話し合い、もう少しこのままでいてみることになったのだが、ああいう人、ああいう時間がなかったら、僕もおかしくなっていたかもしれない。

先輩からのパワハラで鬱病にかかって休職したことのある後輩も、このように僕に話した。

「労働時間が長いだけでは人は死なない。僕は自分の経験から自信を持ってそう言います。鬱病にかかる前にも後にも、無茶苦茶な先輩の一人や二人はいたし、理不尽なんて言い出したらキリがないくらいある。それでも、踏み止まれたのは『逃げ道があった』からです。これに尽きます。別の先輩が『大丈夫か？』って話を聞いてくれたり、同僚が辛い立場を理解してくれたり、そんな少しのことです。

病んでしまった時は、パワハラの張本人に『おっしゃってることは間違いないんですが、もう少し怒り方の表現だけ考えていただけませんか？』と直訴しても何も変わらず、それどころかエスカレートしてフロアに響き渡るような声で罵声を浴びせられる。その上の上司に相談しても、『お前の努力が足りない』、『若い頃はそんなもんだ。俺の時代は……』などと説教が始まり、解決に動いてくれない。そうは言いつつ、裏で先輩に対して『おい、あいつのことちゃんと面倒見ろよ』と言ってくれてるのかと期待したら、そんなことは微塵もなかったことをあとで知りました。世の中、敵しかいないんじゃないかと妄想するに至り、心を病んでしまいました」

僕が知っている電通はいわゆるブラック企業などではなかったのだが、これを聞いて思いを改めた。業界も無法地帯なら、社内の一部にも無法地帯が広がっていた。暴力を振るうやつ、抱いた女の弱みにつけ込んで下僕のように扱うやつ、お得意の前で「ちょっと風俗行ってきます！」と言って消えるやつ、プロダクションからカネをむしるやつなど、様々な外道がいたことも、今回の取材で耳にした。ほとんどは社を追い出されたが、パワハラ野郎は後を絶たない。

命を絶った新入社員が具体的にどういう状況だったのか僕にはわからないが、マネジメントが全く機能していないことには変わりない。

ただ、どこの世界にもサイコパスみたいなやつらは何割かの割合で紛れ込む。これを予め排除することも、直ちに首にすることも現状の企業の規則や法律では難しい。やがてパワハラはワンストライク・アウトになって一発で社から追い出せるようになればいいが、先述のように、言う人が違えば同じ台詞でも許容されたり、受け取る側によって笑えたり傷ついたりはバラバラなので認定は困難だろう。親告罪のようだと言ったが、まさに男と女の問題のように、これを利用して人を陥れることも可能だ。

そして、水に落ちた電通だけを棒で叩いて、何かが解決するわけでもない。

「明日までに百案持って来い！」の会社。

「お前らは全員無能か！」の会社。

正月休み前に「では仕事始めの午前中に提案して」と平気で言う会社。

週刊文春が報じていたあの会社。

僕が知り合う人知り合う人みんな精神を病んでいるあのＩＴ企業。大概の大型電器量販店。コンビニを含めた大手の小売店。大きな組織は多かれ少なかれ同様の問題を抱えてはいまいか。僕ら一人ひとりにできることは少ないように見える。だけど、僕ら一人ひとりが「あいつ大丈夫か」と気付いてあげること、「気にすんなよ」と囁いてあげること、「ちょっと飲みに行こうや」と誘ってあげること、「ありがとう！　助かりました」と礼を言うこと。そういう小さな言動で、殺されかけている人を救うことができるかもしれない。もしかしたら、目下のところこれしか方法はないのかもしれない。

行政や企業や労組が、いつか全てをきれいに解決してくれると思っているなら大間違いだ。僕らの世代で、僕らが終わりにしないといけない。

第三章　ダイジョーブか、みんな？

お前らに何がわかる

他業界の人には全く関係のないことなのだが、広告の世界には賞というものがある。それも、国内のもの、地域のものもあれば、国際的なものまで多種ある。広告主に贈られる賞もあるが、大抵は広告制作者、企画者に対して贈られる。

これが、なんともうまいことできているのだが、一歩引いて見てみると、単なる業界のマスターベイションであり、業界保全のための機能を果たしている。

業界外の人にはおよそ無関係で、業界が業界の人に与えて一喜一憂しているという構図が、マスターベイションなのである。

次に、業界保全について。

「いい広告」というのは、一義的には、その商品やサービス、事業を世に知らしめ、購買や利用を喚起する役割として効果を発揮するものでなくてはならない。

その観点からも、賞に応募するためだけの、誰も見たことのない広告など受賞の意味がわからない（※注釈：広告賞に応募するためだけに、たとえばどっかの地方局の深夜に一回だけ放送するとか、どこか辺鄙な場所を走る単線鉄道に数日だけ掲載するとか、こうしたアリバイ工作があるのです）。

広告の効果というものは、出稿量（フリークエンシーという）や出稿範囲（リーチという）といった数字で表すことができる部分もあれば、表現という数値化できない要素もある。面白い広告、記憶に残る広告、きれいな広告、ジーンとさせる広告などなど、そういう表現に関わる部分というのはなかなかその広告効果を正確に捉えることはできないのである。

広告効果については、国内外で色々な研究がなされているが、そんなもん無理なのである。身も蓋もないが、なんでも数値で説明しようとしたり、インポからハゲまで錠剤で解決しようとするアメリカ人に騙されてはいけないのだ。

Aという広告が、Bという広告より、表現として「いい」かどうかは、受け手によって違うだろうし、たとえ明らかにAの方が好評だとしても、その差はどれくらいなのか。さらに、AもBもいい場合、どう判断すればいいのか。

そこが（業界からすれば）広告のいいところであり、（広告主からすれば）もどかしいところであり、（制作者からすれば）難しいところなのである。

そこで、「賞」が効力を発揮する。賞は権威メイカーである。

「〇〇賞を受賞したワタシが考えたのだから、この広告はいいはずである」、「××賞受賞の彼がそう言うのだから、たぶんいいのであろう」というふうに、すがるべき権威を生む。良いか悪いかなんて誰にも判断できないのだから、センセイの言うことに従おうという機運を作る。それは、広告制作というものが、常に広告主と広告会社の間の、交渉や駆け引きや説得に晒される運命にあるために、制作者の側に優位に働くことになる。

結局、小説や映画や音楽や、さらにはワインや化粧品やラーメンまで、人は、他者（審査員）がいいとハンコを捺すものしか評価できないのである。

先日、ある国際広告賞の受賞作品集を見たのだが、正直、僕には全く面白くなかった。まず、僕にはその商品の知識がないし、全体に企画がベタだし、こんな国際賞って意味あるのか、と思ってしまった。前記の広告の目的に照らし合わせれば、その商品も知らない外国人が、その広告表現に対して、良いの悪いのあーだこーだと言う資格などないのである。

広告には、マーケットがあり、ターゲットがいるわけだから、その国や地域の、ある層の人々に届き、受け止められ、理解されればいいわけで、その外の人にどう思われようが関係ないはずなのだ。

だからこそ、たとえ世界中で売られている商品であっても、その国々で違うＣＭが作られて、流され、それでよしとされているのだ。

日米欧共通で流されている、たとえばナイキのＣＭにしたって、それは、昨今の日本人が地上波テレビや衛星放送で、世界のアスリートを観られるようになったからのことで、今でも裸足で走るアフリカのランナーにナイキを履かせようと思ったら、そこに合った違う手を考えなくてはならないのだ。

広告が映画や音楽と違うのは、広告は経済活動で、映画や音楽は芸術活動である点である。つまり、芸術なら世界中の人々が共感できるユニバーサルなテーマを追求しようとそれは自由だが、広告はあくまで、誰かに何かをさせたくて存在しているから、メッセージはその誰かに向けられなくてはならない。何も世界中の人に万遍なく理解、共感される必要などないのである。日本人の僕らにはあれほど面白いキンチョーのＣＭも、絶対に外国人にはわからないし、わかってたまるもんですか。

たとえ、外国のＣＭを見て、日本の人が「いい広告だ」と思ったとしても、それは、日本人に「も」面白いだけで、それが世界中の人にとって面白いわけではない。そこを勘違いして、「日本人にもわかるなら世界中がわかる」などと思うのは傲慢なのだ。

人間誰しも権威や名誉には弱いから、国際賞とかほしくなる。もらったらもらったで嬉しいに決まっている。それでも、広告制作者は、何某かの芸術表現に携わっているかのような思い違いをしてはいけないのである。

怖いのは、そういう受賞作品集に疑問を抱くこともなく、目を輝かせて見ている若手制作者だ。そんなもん疑わなあかんで。

ここでアメリカンジョークを一つ。

ある大学のキャンパスの壁に落書きがしてあった。

「諸君、全てを疑え！」

次の日、そこに落書きが書き加えられていた。

「なんで？」

残念ながら僕は、国際賞などもらったことはない。単なる負け惜しみで済まさないためにも、いつか大きな賞の一つももらって、授賞式の壇上でこう言いたかった。

「この度は素晴らしい賞を与えてくださいまして、世界中の広告業界からお集まりいただいた審査員の皆様に感謝申し上げます。サンキュー・ベリーマッチ。最後に一つだけ申し上げます。

お前らに何がわかるっ！」

そんなことで、やつらに勝てるんかい！

僕は電通で働いている頃も、毎年一週間とか十日程度の連続休暇は取っていた。「休みが取れない」と言う後輩には、「休みを取るのにもテクニックがあるのだ」と教授したことがあった。

まず、海外旅行に行きたいなら、遅くとも出発日の約ひと月半前には行動を開始せよ。ここだ！　と思ったら、航空券の予約を入れる。そしてあとはひと月半の間、何があっても「あ、この日から僕はいません」、訊かれなくても「この日からこの日まで、僕はいませんので」と言い続けろ。人は君の休暇の日など気にもしていないから、何度も言わなくてはいけない。最後は「知ってる知ってる。それ前に聞いた」と言われるまで言い続けなくてはいけない。

休んだら休んだで、会社のメールなど見るな。携帯にも出るな。

夏季休暇は会社から推奨はされているが、「はい、この期間、君の仕事は○○さんが代わりにやってくれますから、君は休みを取ってください。航空券をお探しならこちらがご相談窓口です」などと、親切にしてくれるわけではない。黙って仕事をして、「休み取りたいなー」なんて思っているだけでは、周りは次々と君を仕事に引き入れる。

「だから、そうやって図々しく生きろ」

と、僕は彼に話した。

そうやって休んできた僕でも、有給休暇というのは消化しきれるものではない。毎年半分も使わずに次の年度を迎える。

ここに、有給休暇日数の国際比較データがある。カッコの中は消化率である。

ブラジル　三十日（一〇〇％）
フランス　三十日（一〇〇％）
スペイン　三十日（一〇〇％）
イタリア　三十日（八三％）
オーストリア　二十五日（一〇〇％）
インド　二十一日（七一％）
シンガポール　十八日（七八％）

メキシコ　　　十五日（八〇％）
アメリカ　　　十五日（八〇％）
韓国　　　　　十五日（五三％）
そして、
日本　　　　　二十日（五〇％）
（出典：エクスペディア・ジャパン　世界26ヶ国 有給休暇・国際比較調査2016）

「フランス人はひと月バケイションを取る」というまことしやかな噂はどうやら事実らしい。この調査によると二〇一六年の日本は、三年ぶりに消化率で最下位に転落したそうだ。つまり日本人は休暇も取らずに、ステレオタイプに違わぬ勤勉さで今日も働いているのだ。そして、周知の通り年間のセックスの回数も世界最下位で（四十八回：デュレックス・セクシャル・ウェルビーイング・グローバル・サーベイ　二〇〇七より）、一体我々は何をしているのかと思う。

セックスする暇も惜しんで休まず働いて、それでいて経済はイマイチ浮上せず、給料は上がらず、欧米諸国からは相変わらずナメられている。

過労死や長時間労働が社会問題で、企業の内側ではそれを解決するために総務があれこれ施策を練っては、あれを登録しろこれの承認を受けろと言い、現場は余計に死ぬほど働かなくてはいけないという事態だ。いい加減働き方を変えていかないとこの国はよくならないと心底思う。「よくなる」というのは幸せ指数の向上を指している。

ニッポン人は「不幸せ自慢」「寝てない自慢」「抱いてない自慢」が好きで、「自分は幸せである」ということを公言するだけで、「世の中には恵まれない人もいるのに！」などと、あらぬ批判さえ受けかねない。

日本と米国で暮らし、インドネシアとカナダでも働いたことのある僕から見て、日本は世界に誇るに足る素晴らしい国だとは思う。あらゆる点でどこよりも最良とは言わないが、なかなか悪くない国だと思っている。

ありすぎてむしろ迷惑なくらいにコンビニがあって、安全で、水がきれいで、女性がきれいで（日本人女性の外国での人気は抜群である）。男は大してきれくなくて、女性の皆さん、すみません。

僕は、毎日ごはんが三食食べられて、寝る場所があって、仕事があって、少ないながら友人がいるわけで、今夜枕元に神様が出てきて「すまんが、お前の人生、これ以上なんもないで」と言われても、まぁ仕方ないかと思えるレベルには幸せである。それは否定できない。

人間の欲望は無限だから、そりゃ望めばキリがない。オープンカーにも乗りたいし、黒人ラッパーのようにプールサイドに美女を侍らせたいし、同時にカウボーイのように自然の中で暮らしたい。いや、現実的にも、もっといい仕事ができるようになりたいし、もっとマッチョになりたいし、将来に不安がなくなるくらいお金を貯めたい。

それでも現状においても「幸せである」と自己申告できる程度にはちゃんと人間的生活を送れているのである。多くの庶民がそのはずなのだ。そのことを堂々と言える国にしたいではないか。

そのためには仕事をしなくてはならないのだが、仕事だけしていてもダメなのだ。矛盾するがそうなのだ。

今でもニッポンのサラリーマンの間には「上司がまだ会社にいるから帰れない」みたいな風潮が残っているようで、信じがたいことだ。いや、僕だってヒトの子ですから、自分だけ会社でヒマで、先輩や後輩が忙しそうにしていたら罪悪感は感じる。しかし、だからといって意味もなく夜まで会社に居残るかというと、それはしない。さっさと出て、ジムに行くなり買い物でもするなり家でごはんでも炊いて妻の帰りを待つなり、自分の精神衛生や人生を良好に保つためにするべきことはあるのだ。

やる時はやるし、やらない時はやらないのだ。

だって、それってカラ残業ではないか。あなたがそこに残って働くふりをしていることで会社からすれば残業代が発生しているわけだから、出費しているのだ。当然電気代もかかっている。残業代を出さない会社も多くあることは知っているが、それは論外とする。

日本の経営者は大抵コストの削減に必死で取り組んでいるはずだから、僕が経営側なら無駄な残業に払うお金はないと思うはずだ。

そして、無駄を省くのなら、日本のビジネスマンは意思決定のプロセスをはっきりと決めなくてはいけないと思う。

誰が、いつ、何を、どういう順序で、何を基準に、どこまで決定するというやり方をはっきりさせないまま仕事を進めるから、膨大な無駄が日本中で日々繰り返されている。人それぞれ業種が違うから具体例で話せないのだけど、誰がどこまでの権限があるのかが非常に曖昧で、役員が「事務所のファイルの背表紙に貼るシールの向きを決める」みたいなしょーもない決定をしている（権限を持っていると勘違いしている）ことが日本中であるはずなのだ。

主任が月曜日に「背表紙に貼るシールはタイトルを縦書きにするのか、横書きでいいのか」でワーワー言い出し、課長が「前例を調べると、アルファベット表記も多いので、一九九八年の例外を除いては横書きだ」という調査結果を水曜午前になってまとめ上げる。

で、横書きにしたらしたで、このシールをファイルの上部から貼るのか下部から貼るのか（その昔VHSで迷いませんでした？）わからなくなり、とりあえず木曜日一杯を使って上部から貼ることにする。なぜなら表紙を上に積み重ねた際に、シールのタイトルが上を向いて読みやすいからだ。

しかし、金曜日に役員に見せたら「シールの向きがおかしい」と言われ、主任が「いえ、積み重ねた時にですね……」と言いかけたところで課長が肘打ちをして制し、「そうですね、早急にやり直します！」と返事する。

で、部署みんなで金曜日の晩は残業である。

これがニッポンのサラリーマンの実態である。

こういうことを、年間十日間しか有給休暇を取らずに、セックスは妄想の中だけでガマンし、メシは松屋で済ませ、電車の中で口を開けて寝ているところを向かいに立った学生に「カッシャ！」とスマホで撮影されながら、続けているのである。

そんなことでおフランスに勝てるんかい！

あいつら全然働いてへんねんぞ！　四十何年生きてきて、メイド・イン・フランスのものなんて、グラスと一〇〇円ライターとワイン以外に見たことないぞ。

いつになったらヌーディストビーチで興奮することもなく、あたかも「このサングラスをしていれば、逆に服を着ているように見えるザマスの」みたいな落ち着き払った顔でヘミングウェイとか再読できるバケイションを楽しめるようになるんだ。

僕は思うんだけど、「仕事が趣味」と公言する雇われ人ほど、うさんくさくてハタ迷惑な存在はないのだ。そういう人に限って、ダラダラダラダラ仕事して「自分はこれだけ時間をかける情熱がある」と勘違いしている。再び僕が経営者なら、そんなやつに残業代払いたくないよ。趣味でやりたきゃ独立せい。

「どこの世界に釣りに出かける度に出張手当が出るハマちゃんがおんねん」と言うと思う。

僕は仕事もきっちりやるけど、多彩な趣味を持っていて「へー、こんなこともなさるんですか」という人が好きだ。

僕にもうちょっと勇気と能力があれば、日本を変えていくために、最短距離で物事を決定して、その分の時間で有給休暇は全て消化して、休暇中は「裸に見える方のメガネ」をかけて世界中を歩き倒すと思うのだが、残念ながらそういうクールな人間は出世しなかったし、会社を辞めてしまった。

そういうものだから、この先も日本は変わらないようになっている。

追記：このコラムの原形は、電通在職中の二〇一〇年八月に書いたものである。僕は働きながらこんなことを考えているダメ社員だった。あれから七年経って、予想通り日本は本当に何も変わらなくて、だから、電通に至っては予想を超えた事態になってしまった。

「勝手には変わらない」のだが、「変えなくてはいけない」という機運がもっと具体的かつ社会のあらゆる層に共有される力強いものになってほしいと思う。

おっさん的傾向と対策

以下は、僕が入社十二年目の頃に書いたコラムである。

昨夜は会社の野球チームでシーズン開幕前の飲み会をしていたのだが、知らない間に自分が若手ではなくなってしまったことに気付かされた。僕よりも先輩の四十代の方々とテーブルについて、皿やビールなんかを給仕しようとすると、二十代の後輩たちが「いいですから！　ショータさんは座っててください」と僕を制すのである。

テーブルもなんとなく、おっさん組と若手組に緩やかに分かれて座ったのだが、当然のように僕はおっさん組である。

三十六歳（当時）という年齢は、普通に考えればおっさんの年齢である。もしくは、どう甘い目に見ても、かなりおっさんに近付きつつある年齢であると言わざるを得ない。

なってしまうことは止められないので、こういうおっさんにはなりたくないというイメージと、そうならないための対策をそろそろ具体的に持っておかなくてはいけないと思うのである。人生何事も備えである。

【髪型だけ若いおっさん】

いわゆるギョーカイ人にいるタイプだが、肌の質感もシワも体脂肪率もおっさんそのものなのに、頭髪だけジャニーズみたいな人がいる。あれが、僕が「なってはいけないおっさん像」として思い浮かべる最たるものだ。髪型「だけ」というのがポイントだ。

たぶん、三十くらいから「若く見えますね」とか「二十五くらいだと思ってた」とか言われてきたのだろう。そして「自分は若い、自分は若い」と思い込んでいる内に、外面はそうでもなくなってきて、いつの間にかセルフイメージと実際の姿に乖離が生まれてしまうのだ。

運動会で思いっきり前のめりに転んでしまうお父さんも、要するに頭の中での「こんなふうに走れるはず」というイメージに、実際の肉体が付いて行けずに、意識だけが体を取り残したまま前に飛び出してしまい、頭から地面に突っ込んでしまうのだろう。

いわゆるおやじギャグだって同じで、彼らが若かった頃はそれで面白かったはずなのだ。しかし笑いの感覚というのは時間とともに変化するから、当時のままイメージしてた冗談と、現代の笑いに隔たりが生まれているのだ。セクハラも同様。昔は親しい「ＯＬさん」のお尻とか普通に触ってたらしい。少なくとも、うちの親父は触ってたらしい。

「髪型だけ若いおっさん」にならないための対策としては、自分を客観的に見つめる、と言いたいところだが、これだけ多くの人が失敗しているのだから、難しいことなのだろう。誰だって勘違いしたまま生きていても構わないなんていうスタンスではいないはずだ。

そりゃ自分は、自分だけは、自分を客観的に見ることができていると思い込んで生きている。「あなたとは違うんです。私は自分を客観的に見ることができるんです」と記者を面罵した首相がいたが、誰もそうは思わなかったもんね。

だから、客観的になんてなれないことを自覚して、「そもそもジャニーズみたいな髪型なんてハナからしない」ことだ。これが一番よい対策になる。

ジャニーズはあくまでも例だが、流行りの髪型なんてするからおかしなことになるのだ。髪に限らず服装もそう、喋り方や語彙、語法もそう。流行りというものに乗っかるから、あとになって恥ずかしい目に遭うことになるのだと思う。流行はまた一周するから今後のことはわからないけど、肩パッド、巻き上げてスプレーで固定した女性の前髪、ダブルのソフトスーツとか一体なんだったのだろうと、今四十代半ば以上の方々は茫然とする思いで回想することだろう。恥ずかしいですね。

言葉はもっとサイクルが速くて、リバイバルはほとんどしない。生き残るか死ぬかだけ。「チョベリグ（一九九六）」「おっはー（二〇〇〇）」「残念!!（二〇〇四）」「どんだけぇー（二〇〇七）」などなど、今聞いたらサブいでしょ。だから死服はないのに、死語という言葉があるのだろう。カッコ内の数字は近年おかしなことになっている、ユーキャン新語・流行語大賞にノミネートされた年である。

自分の昔の写真を見て恥ずかしいと感じる人は来し方を考え直してみた方がいいのではないか。

追うべきは流行ではなく永遠なのである。いつの時代に見てもカッコいい髪型って、わりとスタンダードな（非奇抜な）髪型だと思うのだが、なぜジェームズ・ディーンのオールバック系の髪型は常にカッコいいのか。個人の感想ですけど。

服もそう。長く使えるものというのは、結局流行に左右されないものだ。

と思って、僕はまぁ、髪型はなるべく手の込んでいない感じの、オールバックな頭にすることを心がけているんだけど、あまりこだわりすぎてオリジナリティを創りすぎると、いつ「髪型だけ若いおっさん」に成り下がってしまうのか、非常にギリギリなラインを歩いているような気もする。やはり、自分のことはわからない。

【ややこしいおっさん】

仕事上では、誰しもややこしいおっさんから迷惑を被った経験をお持ちなのではないだろうか。ややこしいと一言で言っても色んな種類があるのだが、ここで指すややこしいは「自分が正しいと思い込む力」の強い人だ。

以前に、とある有名なCMディレクターを追ったドキュメンタリーを観たことがあり、その中で彼は撮影中にカメラマンと意見が食い違い、お互いに譲らない場面があった。カメラマンの方も一流の人だから、彼自身の意見がある。結果的にはディレクター氏が意見を貫き通し、番組はそれを「プロのこだわり」「自分を信じることの大切さ」のように美化して伝えていたと記憶する。

そこで僕は引っ掛かったのだが、ではカメラマン氏の「貫くことを許されなかった自分」はどのように扱えばいいのだろう。彼の方も「プロのこだわり」を発揮したら仕事は着地することはない。早く言えば、声のデカいやつが勝っていく嫌な世界なのだ、我々の住むビジネス界という世界は。

「自分を信じる」ことよりも「自分を疑うこと」の方が難しいことなのではないだろうか。

仕事の能力やセンスなどというものは永遠ではない。いつかは時代に置いていかれる性質のものであるとするならば、そういう「自分が正しいと思い込む力の強い」、つまり、それによってこれまではうまくやってきた人、成功体験を重ねてこられた人は、ややこしいおっさんになる可能性が高い。しかしながら、そういうテストステロン濃い目の人の方が上昇志向が強いから、企業の上層部というのはそういうタイプの人間だらけになってしまう。現実にそうなっていると思う。困ったことだ。

人間いつかは、時代とズレてしまうのだ。石原慎太郎氏が好例である。失礼ながら……。

そういうおっさんに対して周りが、冒頭での飲み会の場面のように「○○さんは座ってて結構です」「上座へどうぞ」「お車用意します」などといった扱いをしていくと、おっさんは勘違いしてなおさら自分は正しいという考えを強固なものにしていくのだろう。

エライ人こそ、自分の意見を否定されたり、間違いを指摘されていかないとおかしなことになるのだ。自己肯定は放っておいても充分なさるからいいのだよ。でしょう、ナベツネさんと読売グループよ?

だから、後輩というのは先輩を立てるのは結構なことだが、先輩を甘やかさない方がいいのだ。いつでもツッコミを入れ、時に不躾でもいいくらいだ、と僕は思う。なぜなら、かつては確かに優秀だった先輩を「ややこしいおっさん」にしない責任は、下の者が負う部分も大きいだろうと思うからだ。

一方、自分を疑うことは自信のなさの裏返しでもあるから、そういう人は出世はしない。どちらがいいのかは、僕にはわからない。ただ、ややこしくあることは「生き恥」にも近い感覚が僕にはある。

「髪型だけ若いおっさん」も「ややこしいおっさん」もタイプは違えど、原因は自己イメージと現実の乖離にある。つまりは、これは老化現象の顕在化した症状だ。うーむ、気を付けなくては。

永遠だかなんだか知らないが、オールバックなんかしてていいのか、疑わなくてはいけない。

そらぁ、ええもん作りまっせ

前項に引き続き、おっさんのことについて書こうと思う。考えるなら、若い女性と、そない若くない女性のことだけを考えていたいものだが、自分の将来（もしかしたらごく近い将来）について考えるつもりで、あえておっさんについて思考を巡らせるものである。

日本の人口は減っていく。すでに減少の兆候は顕著になっていて、約四十年後の二〇六〇年には八六七四万人にまで減少するらしい。ご存じ、少子高齢化である。

地球は温暖化するわ、世界経済は低迷するわ、資源は枯渇するわ、加えて、日本は少子高齢化するわで、明るい未来などどこに見えるのかという暗澹たる気分になるかもしれない。

しかし、おそらくいつの時代も人類は滅亡の恐怖に戦《おのの》きながら生きてきたのだと思う。

言葉だけ見て、「イコール悪いこと」と思い込むのは早計で、地球なんて温暖化するより寒冷化する方が怖い。経済なんて波があるからいい時もありゃ悪い時もある。資源にしたって人間が石油を大量に使い出したのは、たったのここ百五十年くらいの短い期間。人間の歴史から見ればついこの前だ。

日本の少子高齢化、というか人口減少だって、悪いことばかりではないどころかよいことの方が多いような気がするのは、僕が浅薄なのか。

東京の電車に乗ってみれば一目瞭然で「人が乗りすぎ」だし、街だって店だって、もっと言えば山にですら「人が多すぎ」なのだ。住宅だって「狭すぎ」。東京ディズニーランド「込みすぎ」。メシ屋の前「並びすぎ」。病院の待ち時間「長すぎ」なのだ。

人口が減れば、そういったストレスがかなり軽減されるではないか。

そんな理由で、僕は将来の日本人が羨ましい。僕はきっと生きていないが、その頃には住みやすく生きやすい日本が実現していると固く信ずるものである。日本の未来は希望に満ちている。

人口およそ九〇〇〇万人といえば、昭和三十年代（一九五五～六四年）と同等である。つまり『三丁目の夕日』の時代である。多くの人が涙を流して懐かしんだあの時代に戻れるのだから、文句はあるまい（めちゃくちゃ犯罪率高かったんだけど）。

人口の構成が全然違うって？　そう、そこである。人口減少よりも、高齢社会というアンバランスさが問題なのだ。

では、これから高齢社会を担う、現在三十代、四十代の我々にどういうことが待ち構えているかというと、「一生働かなくては生きていけない社会」だ。労働人口が減るというなら、子供か高齢者が働くしかない。だから高齢者だ。

年金は破綻するのかしないのか知ったことではなくて（それでもおそらく破綻はしない）、ないものと思って働き続けるしかないのではないか。こう考えておけば、いざもらえなかった場合に落胆が少なくて済むではないか。それでいいではないか。しみったれたことぬかさずに、「そのカネはあげたもんだ！　取っとけぃ！」と言えたらいいのだが。

その代わり「ちゃんと雇ってよね」と。

六十歳定年制は廃止して、七十でも八十でも働いてもらわないといけなくなるだろう。枯れてる場合ではない。七十半ばでも、あわよくば受付嬢と社内不倫しちゃうくらいの意気込みで働かせてほしい。だから、そういう目で見てもらって構わない。全然ヤラしい目で見てください。

安易に「外国人労働者を入れざるを得ない」などと主張する人間もいるが、そういう者は経済だけを見て社会を見ていない愚か者だ。僕は断固反対だ。移民労働者を入れて幸せになった国などない（当社調べ）。フランスを見ろ。ドイツを見ろ。アメリカの分断を見ろ。

難しい話をコネクリ回すことはいくらでもできるだろうが、僕は何よりもそれが人種差別主義的だから反対なのだ。いや、外国人労働者を拒む僕が人種差別主義者なのではない。考えてみてほしい。

「しんどくて賃金が安い労働は外国人にさせればよい」などと考えるのはどう見ても異常ではないか。人種差別主義と言わずになんと言えばよいのか。

「これまでの外国人受け入れ論では、賃金抑制策としての期待が大きかった。企業が求めるのは低賃金で単純労働をしてくれる二〇～三〇代の若い世代であり、『高齢になる前に母国に帰ってもらえばいい』といった考え方だった」（二〇一二年四月二十五日　産経新聞朝刊より）

どんな勝手や。来いだの、帰れだの。

日本は外国人労働者を極力受け入れない特別な国でいればいいのだ。そして特別優れた製品を高く売る国になればいいのだ。言うは易しだが、理想はそうだし、商売の真理はそこだと僕は考えている。

カップラーメンに入っている粉の袋を見てほしい。「こちら側のどこからでも切れます」と書いてあるだろう。こんなことまで考える民族がいるのか？　まぁ、真ん中から切る人はいないだろうに。

ペットボトルのフィルムを剝がす方法も、各社試行錯誤の跡が窺えて、剝がしやすく工夫がしてある。ここまでするか？

コーヒーの紙フィルターが二つ折りにしてあって、開きやすいように片側だけえぐれていたり、ツマミ状に飛び出していたりする。こんなの気付く？

小っさい例ばかりで恐縮だけど、こんな細やかな神経を持つ民族が衰退するわけないじゃないか、普通に考えて。そらぁ、ええもん作りまっせ！

世界の大雑把な人たちが気付いていないだけで、わかる人はわかり始めている。

長時間労働が問題になる日本においても、こういうキラリと光る仕事は残さなくてはいけないと思う。排除できる無駄は他にたくさんあるはずだ。

話を高齢者に戻すと、おっさんを大量に雇用する際の問題は、前回書いたような「髪型だけ若いおっさん」と「ややこしいおっさん」が職場に大発生している状況だ。髪型の方は、まぁ腹立つだけで実害はないからよしとしよう。今夜もリンスして寝てください。

しかし、ややこしいおっさんは、ややこしいぞ。

・昔うまくいった時と同じ引き出ししか開けない。
・予算もスケジュールも把握せずに、勝手に意見を通し、あとは下に押し付ける。
・指示に「アレ」が多い。
・「♪君の肩にぃ悲しみがあぁ、雪のよおぅうぉに積もる〜」がごとくフケが降り積もっている。

などなど。

だけど、生産性や効率重視の世の中を推進するつもりがあるのなら、最も働いている四十代あたりを賃金カーブの頂点に設定して、子育ても終えて体力も生産性も落ちている六十、七十の世代の給料はもっと下げていいはずなのだ。これがフェアというものだろう。
そうやって暗に「おっさん、あんたがエライのと違いますよ」と理解を促さなくてはいけない。
しまった！　その頃のおっさんて、オレたちのことじゃないか。年金もないし、賃金も低いのか……。うーむ。
この際、自分に追い討ちをかけると、あまり社会福祉のお世話になりすぎることなく、若い世代を苦しめない適当なところでこの世からおサラバする、というのがこれからの高齢者の社会貢献の仕方だ。選べるものならそうしたい。
何事も変化は怖い。未知だから。しかし、柔軟に適応していけばなんとかなるはずなのだ。
日本の人口が四十年後に八六〇〇万人？
二〇一五年現在、
ドイツの人口が八〇〇〇万人
フランスが六四〇〇万人
UK（イングランド、スコットランド、ウェールズおよび北アイルランド）が六四〇〇万人
イタリアが六〇〇〇万人
これらの国々が日本よりも幸せではないと誰が言い切れよう。まぁ、イタリアは財政的には危

機と言われているし、イギリスも迷走の最中にあるが、日本も似たり寄ったりだ。イタリアの庶民はおそらくサングラスして、きれいなねーちゃんのお尻触って楽しく暮らしている。ニューヨークでそういうイタリア系のややこしいおっさんいっぱい見たもん。

だから、八六〇〇万人で、何が文句ある。文句言うヒマあるなら、おっさんも働けばいい。ただし時代に適したやり方で効率よくだ。

考えてみたら、このあたりの「僕らがなんとなく憧れる国々のサイズ」って、僕は知らなかった。国土の面積で見ても、これらの国と日本は「同じグループ」と考えていいかもしれない。アメリカ合衆国のような巨大な国のマネをしても無茶だし、チャイナと競っても仕方ない（というか、人権や言論の自由を共有できない国家とはハナから比較しても仕方ない）。

アメリカの後追いばかりしてきた日本のこれからは、成熟した欧州社会に学ぶべきことが多いはずだ。

高齢化で日本が滅びるわけではない。

日本が、人類が、滅びる時は、楽観も悲観も、幸せも不幸せも、愛も希望も、明日も昨日も、満腹も空腹も、全く関係なく、容赦のない力によって全てを奪われてしまう。それがあの東日本大震災から我々が知ったことではないか。

だったらポジティブに捉えて、見事適応していこうではないか。

でも……、本当のこと言うと……、ここまで論じてきて大変申し上げにくいのですが……、僕は人類が滅びるなら人口減少どころか、人口増加で滅びるのではないかと危惧している。国連の予測によると、現在七〇億人の世界人口が、二一〇〇年には一〇〇億人超に。イナバの物置は一〇〇人乗ってもダイジョーブ！　でも、地球は一〇〇億人乗ったら大丈夫じゃないと思うぞ。その点については悲観的なのだ。

どうしたらいい？

心に火を。尻にも火を

広告企画制作の仕事をしていると、初対面の人などにこのように言われることがある。「クリエイターって、ゼロから何かを生み出すんだから大変な仕事ですね」

僕は毎度こう答える。

「ゼロからじゃないですよ。商品があって、クライアントの指示があるんだから」

実際はゼロどころか、制約と条件だらけの世界だ。大変な仕事であることは認めるが、クリエイターだなんて呼ばれるほどのものではない。

クリエイターを英語で「The Creator」と表記すれば、それは創造主、つまりユダヤ教・キリスト教において七日間で天地を創造したとされるヤハウェのことである。だから、僕は自分をクリエイターだなんておこがましいことを言える人間を信用できない。

クリエイターと言える人間は、子供を産む女性だけではないだろうか。だって、人間をクリエイトできるのだから。人から人が出てくるなんて、我々男からすれば想像もできないクリエイションなのである。

そのクリエイターが減って久しいことはよく知られている。少子化である。それに関しては、子を持たない僕自身も責任を感じないではない。しかし、自分たちを含めた多くの共働き夫婦の生活を顧みると、そりゃそうだろという諦念も持たざるを得ないのだ。

散々働いて、「今晩はゴハンいらない」で、外で飲み食いして夜十時とか十一時に帰宅する。とりあえずテレビニュースをつける。お風呂沸かすと十二時。明日も七時起き。お互いこうだったらそりゃね、セックスなんてする元気も時間もないわけですよ。

僕の先輩に仲尾さん（仮名）というヤンキーみたいな先輩がいた。この人はとにかく、チームを遅くまで仕事させることで知られ、ご自身も夜昼関係なく猛烈に企画をすることで数々の実績を築いてきている。

それなのに、男の子が三人もいる。奥様はハーフかと思えるような美人だ。にもかかわらず、子供は何人生まれても仲尾さんそっくりで、奥様の要素はどこにあるのかわからない。だから僕は、仲尾さんが自分でピッコロみたいに口からヒリ出していて、奥様はその傍らで応援しているだけなのではないかと疑っているくらいだ。どういう強い遺伝子をしているのだ。

これくらいの、何かを残し、遺すというＤＮＡへの強いプログラミングがないと、仕事も子供もできないのかもしれない、と何事にも執着の少ない僕なんかは仲尾さんを見ていて思うのだ。

週刊新潮二〇一五年四月三十日号で「悪い話ばかりじゃない『人口激減社会』の利点検証」という特集記事があった。

我が国では、少子化による人口減少に加え、出生率が全国最低の一・一三である東京への一極集中が加速していて、消滅可能性都市が地方のあちこちに生まれているという。

しかし、記事は、
・産業構造の転換により、経済規模が変わらないまま人口が減れば、各人はより豊かな生活が送れるようになる。
・空き家が増える問題の半面、家を二つ持つことも夢ではなくなるかもしれない。
・悪名高い日本の満員電車から解放される。
・人手不足になることで、終身雇用や年功序列に代表される、人を大切にする日本型経営を取り戻せる。
といったような利点を指摘している。

いくつかは首肯できる点があると思ったが、イマイチ面白くねえな、と僕は雑誌を閉じた。騙されてはいけない。少子化は問題ではない。

僕は率直に言うと、少子化なんて人口の適正化としか思っていない。それとセットになる高齢化の方がよほど深刻なんだけど、深刻なのは「今、生きている世代にとって大変」、というだけで、我々団塊ジュニアあたりの世代までが死に絶えたあとの若い世代は、もっと幸せになれると希望を持っていいよ。

まず、余計な仕事をしなくて済むだろう。人が少ないから、アレコレ言ってくる外野が減る。製造業で言うなら、製品に無駄な機能をくっ付けるのをやめられる。

多すぎる全員に何某かの仕事をさせなくてはいけないから、「至れり尽くせりのつもりの余計なお世話」の機能がいっぱい付けられて、あーだこーだ口を挟んでくるエライ人の意見も取り入れなくてはいけなくて、その分費用が価格に乗せられて高くなっているのが現在の日本の状況だ。

電化製品一般は、それで世界で勝てなくなっているのではないのか。以前にツイッターで、某カメラメイカーの製品パッケージを開けたら、分厚い説明書やらディスクやら、そのインストールの手順書やら、なんたら登録の方法とか、余計な紙モノや付属品がワラワラ出てきて幻滅した旨の投稿を見た。「ワクワク感が一気になくなった。だから、箱やその中身まで美しいアップルに勝てないんだよ！」と、その人は嘆いていた。

便利にしていくのはいい。しかし、どこかで「いや、それはいらん」と、本質でないものはストップさせないと。自動車が全自動運転に近付けば近付くほど、買いたい個人はいなくなるよ（作ってるのはグーグルかもしれないけど、それは措いて……）。アクセルとブレーキを踏み間違える高齢者専用車なのかな、それは。

今ですら、雨が降れば自動でワイパーが動き出し、暗くなれば勝手にライトが点灯するらしいではないか。いるか、それ?

運転しているのはヒトなわけで、速度や進行方向はもちろん、天候やら路面状況やらの条件を見つつ、自分でコントロールするところに運転の楽しさがあるのではないのだろうか。ということは、自動車って自動ではなかったのだね。自ら動かす車か。なんかしんどそうやな。

生きている人生がコントロールできないことばかりだからこそ、自分の操縦によって人間以上の力を享受することができるのがクルマの魅力ではないのか。判断すべき要素と使う体の部位が多いから、モーターサイクルはより楽しいのではないのだろうか。

ああ、オレは古い人間さ。

結局、傑作は個人からしか生まれないのだ。桑田佳祐の才能の五分の一ずつを持った人が五人集まってもサザンオールスターズは生まれないのだ。強い個人と、それを支えるメンバー。

山田洋次監督は、車寅次郎という傑作キャラクターを、原案・脚本・監督を担当して、一人で作った。それでも、脚本は常に他の誰かとの共同執筆でクレジットされている。個人の力と、巧みな補助。

こういうことなのではないか。

人が少ないなら少ないで、個人の裁量を大きくして、物事の決定を早くして、重要な部分にお金と時間とサポートを充てる。結果、ソリッドでいて目の行き届いた良品を作っていく。ジャパンの生き残る道はこれだと、僕は思っている。そして、これこそが効率化である。

日本の産業界は他の先進各国に比べて、その生産性や効率が悪いと指摘されている。そりゃそうだよ、人が多すぎるんだから。それをもってして、世の大企業の中では効率化の名のもとに、総務系部署の肥大化が進んでいて、「効率を上げる目的で、それを測定・精査するための不必要な作業」が増え続けている。それで現場が余計に仕事が増えて苦しんでいるという、本末転倒が起きている。

本当はそういうことじゃないでしょう。

若い人が「死ね、クソ」と思っているおっさん世代は実際にじきに死ぬから。だから、あとの世代は、働くの、もっと楽しいよ。せめて自分たちがゆくゆくそういうおっさんにならないように気を引き締めて生きていこうではないか。

さっき、全自動運転の自動車は誰も買いたがらない、という話をしたが、男性のいわゆる草食化・絶食化だって、エロスがインターネットでいつでもタダで見られるようになったのと軌を一にするだろう。止められはしないけど、便利すぎるのはダメなのだ。疑似体験はできても本物じゃない。

人が多すぎて、オンナなんかいくらでもいるから、「家帰って、エロサイト見ればいいや」と思っているのかもしれないが、これがもっと少なくなってみなさい。極端なこと言うと、日本人が三十八人くらいになってみなさいな。ひとクラス分ですわ。

そうなれば、ＤＮＡが勝手に種の保存に対して危機感を持って、何か緊急事態宣言的なものを発動させるかもしれない。

「このオンナは、他の誰でもない、オレが抱かなくてはいけない！」

「このコだ。このコなんだ！　このコでなければ一生愛なんていらない！」

「この人にはオレしかいないんだ！（残り男子たった十八人だけどっ）」

というある種の集団催眠のような狂奔。殺し合ってでもクラスのマドンナちゃんを抱くと思うけどね。マドンナちゃんでなくてもそれなりに抱いちゃうと思うけどね。

これくらいの切実感に溢れた勘違いをしないと恋愛もセックスもできませんからね。僕なんかそれくらいの切実感持ってたけど、大した恋愛もセックスもしてきてないからな。ナメんなよ。

そうでもしないと、仲尾さん（仮名）みたいなただでさえ遺伝子まで筋肉でできているような人にみんな持って行かれてしまいますから（※仲尾さんはあちこちでそっくりな子供を作っているわけではありません）。

これから産業転換の過渡期に入って、もう少し「ジャパン大丈夫か？」という危機感が共有されれば、なおさら日本が自滅することはないのではないか。

江戸期にも飢饉による人口減によって、農業の改善に拍車がかかって効率が上がり、余暇ができたことにより、むしろ文化が発展したという。

締切のある仕事をしてきた「似非クリエイター」、締切にならないとこれを書かない「自称コラムニスト」として、僕にはそのあたりのことはよーくわかります。

見た目上の演出です

数年ぶりに少し年上の友人に再会したところ、頭髪が薄くなっていた。会話の中でそこに触れていいものか迷っていると、僕の視線に気付いたのか、彼の方から切り出した。

「アタマ、禿げたでしょ」

「え、ええ」

ちょっと、どう反応していいのか困るよね……。

「この際、短くしようか、もっと伸ばすべきか考えてるんですよねー」

と言うので、僕はそこは迷わず「絶対短くするべきです！」と主張させてもらった。

「短くして、ヒゲでも伸ばせばいいんですよ」

これが数々のハゲた男たちが踏む、渋いおっさんへのセオリーである。松山千春、渡辺謙、竹中直人などなど。

しかし、彼はこう言う。

「いやー、うちの会社、ヒゲはダメなんですよ」

なんでも、明文化されているわけではないが、不文律としてヒゲは禁止らしいのだ。色々うるさい職場のようで、ジャケットとパンツの色が違う、いわゆるジャケパンスタイルもNGなのだそうだ。彼は銀行員でも公務員でもない。学生の就職人気ランキングでかつては一位になったこともある企業に勤めていて、しかも客前に立つことのない内勤である。信じられないルールだ。僕は思わず、

「はぁ？　なんですかそれ。今どきそんな会社があるんですか」

と嘆息してしまった。バカじゃなかろうか。

僕は二十代後半よりずっとヒゲを生やしている。比較的自由な職場にいたからというのもあろうが、そんなことよりも、単純にその方がカッコいいからだ。僕のインパクトの薄い顔に些《いささ》かばかりの特徴を、気の小さい生真面目な男に僅かばかりのワイルドさを、プラスしてくれると思っているから生やしている。毎日完全に剃り上げるよりもワタシの傷つきやすい敏感肌にもやさしく、グルーミングも非常にラクなのである。

それで、「汚い」とか「剃りなさい」とか言われたことはこれまで一度もない。それどころか、大して手入れをしているわけでもないのに「どうしたらそんなにキレイに保てるの？」と訊かれたりする。少し自慢ですみません。たまに剃ってみることもあるが、顔のパーツが一つ足りないような気がして結局また伸ばす。

男性のヒゲというのは、女性のメイクアップと同じく、顔の印象をマネジメントできるツールだと言われている。それを禁止にする会社というのは、女性に対して化粧禁止と言えるのだろう

か？　そうしない合理的な理由を説明できるのであろうか？

「不快感を与える」「失礼である」というのが禁止の理由であるなら、その根拠を示すべきだ。不快感にしても、失礼にしても、その主語は「お客様」であろう（いや、その友人はお客の前にすら立たないのだよ）。であれば、それを証明していただきたい。無理である。

結局「この人のヒゲはいいけど、あの人のはダメ」となるのがオチなのだ。こうなってしまうなら、それはヒゲに限らず「顔」「雰囲気」「喋り方」などと同じで、個人の特性に拠ることになりなんの意味も成さない。「この人、嫌い」というだけの話。

確かに「汚いヒゲの人」というのはいる。しかし、「汚い髪の人」もいれば「汚い肌」「汚い服」「汚い言葉遣い」の人もいるのと全く同じで、ヒゲだけ剃ればOKという問題ではない。

明治の元勲はヒゲを生やしていたし、当時の天皇陛下もそうである。ヒゲがいけないとか言うヤツは、不敬罪で叩き斬った方がいい。現代においても、アラブ人やユダヤ教徒の間では男のヒゲは大人の証であるという（もちろん宗教上の制約下にある彼らは、自由で生やしているわけではないが）。ヒゲ同士、ヒゲトークでひとしきり盛り上がって、仲よくしたらいいのにね。一緒にヒゲダンスしたりしてさ。オレが叩き斬られるわ。

時間軸と空間軸が交わった地点によってコロコロ変わるような基準に、あたかも普遍なものであるとか歴史的に不変なものであるかのように固執するのは見ていて愚かしい。それが、人間が長い時間をかけて獲得してきた自由であるとか人権であれば別である。たかだかヒゲである。

もっと言えば、僕は高校野球の丸坊主強制とかも含めて、人の見た目を一定の型に強要するのは一種の人権侵害だと考えている。刑務所で服役している人は人権が制限されている。だから、丸坊主にされて肛門まで検査されるのである。

そもそも、銀行でもホテルでもショップでも宅配便でもニュース番組でも取引先でもなんでもいいや、そこで働く人がヒゲを生やしていたという理由で「失礼」であると感じたことがあるだろうか。僕はない。「剃り残してるなー」とか「似合わないなー」とかはあっても、ヒゲがあるという理由だけで「失礼」だなどと、いわゆる上から目線で他人様を見たことはない。どっちが「失礼」でしょうか?

自由には責任が伴う。今さら僕が言うまでもなく。たとえばヒゲを生やす自由を守るがために、何かしらの不利益が自分にあったとする。それが嫌なら剃ったらいいし、構わないなら生やしておけばいいし、理不尽だと感じるなら出るとこに出たらいい。ハイヤーの運転手や地下鉄の運転士で、実際に提訴に踏み切った人がいた。そういうのが中学生でもない服役囚でもない社会人の行動である、というだけのこと。

なんの不利益も被っていないのにもかかわらず、何かを恐れて勝手に先回りして他人のヒゲまで禁止する。

こういう人間がテレビCMに「※CM上の演出です」という、一体何を伝えたいのか全くわからない註釈を入れて何か社のためになった気になっているのだから、ガンバリどころを勘違いしているとしか言いようがない。

百歩譲って良いヒゲと悪いヒゲがあるとしよう。前者は「見た目をよくしようとして生やしたヒゲ」で、後者は「だらしないから生えてしまったヒゲ」である。こう区別すれば世の口うるさい総務系のおじさま方も文句ないでしょう。と同時にヒゲ自体の問題でなかったことが再確認できましょうよ。

むぅー、「だらしないのがカッコいいと思って生やしているヒゲ」はどう考えたらいいのか。まぁ、結果としてだらしないんだからだらしない。腰パンと一緒。

僕も認めますよ。かわいいつもりで付けマツ毛だか味付け海苔だかを、目にバリバリに貼り付けてしまっているブスの女の子は嫌だけど半分微笑ましい。それに対して、自分の人生をよりよくしようと考えているとは到底思われないブスでデブで不潔で人の悪口ばかり言っているブス（あ、ブス二回言うた）は純粋に大嫌いだ。僕は聖人君子でもなんでもないので正直、そうだ。

ヒゲはいいが、眉毛を細く剃っている男性は好きではない。禁止はしないが、「趣味の悪い男」という烙印を押すまでだ。センス悪いのは学習するまで治らないんだから仕方ない。巨人の澤村投手だって学生の頃は気色悪い眉毛してたけど、プロになって直した。学習したんだよ、センスというものを。

僕が勤めていたのは広告会社なので服装や見た目にはかなり自由なのだが、それでも興味深い話を聞いた。

今五十代の方が若い頃、ポロシャツで勤務していた際に、上司から「そんな服着たければプロダクション紹介したろか」と、プロダクション蔑視的な注意を受けたという。しかし、スーツにネクタイしてお得意先に行った時には「私は銀行員にコマーシャル作ってもらおうとは思ってない」と、冗談なんだろうけど、銀行員蔑視的な逆の指摘を受けたという。どないしたらええねん。

職業とか立場によって期待される見た目というのがあるんだけど、立ち止まって、ヒゲを目の敵にするおっさんをよく見てみましょう。

くたびれたスーツ着て、擦り減った靴履いて、なんの工夫もない髪型して、ヒゲはないか知らんが鼻毛が思い切り無責任に自由を謳歌してたりするでしょう。どのツラ下げて「キミ、キミ、ヒゲはだね……」などと言いやがるか。

第四章　お客様は神様か

未来に届け、僕らの涙声

アメリカを旅していた時のこと。オレゴン州ポートランドでとあるレザーショップに入ったところ、支払いカウンターにこのような表示、というか宣言が貼ってあった。曰く、「私たちはどなたであってもサービスを拒絶する権利があります」。

「どなたであっても満足を保証します」ではない。

僕はこの文句に目を疑い、写真に撮らせてもらいたかったのだが、こう高らかに宣言されていると「お断りします。その権利があるからだ」とか言われそうでちょっとヒヤヒヤした。

結果的には、「なんでこんなもん撮りたいねん」という、ちょっとポカンとした表情で女主人は許可してくれた。だからここに貼付することができたわけである。

すっかりアメリカのレザー製品に魅了されて帰国したのち、インターネットで別の家族経営のレザーブランドを見つけた。それはグレッグ（仮名）という四人の子持ちの厳めしい面構えの男が経営している。ウェブサイトにて、グレッグはハッキリと書く。

「我々は、従業員とその尊厳を、カバンを売ることよりも大切にしている。もし誰かがいかなる方法においてでも、彼らに大声で怒鳴り散らしたり、脅すようなことがあるならば、そいつは顧客として首だ」

「我々は、九九％の方々は、正当なクレームである場合であっても、礼儀正しくて親切で我慢強く、そして丁寧であることを知っている。ただ、残りの一％の連中がいる。彼らはつまらないことに対して大声を出し、脅しをかけてくる（大抵の場合、何かをタダで得るか、値引きをさせるために）」

「そういう連中には、我々のカバンを持ち歩く仲間になってもらわなくて結構だ」

「我々にとって、我々の仕事と、我々の顧客は等しく大切なのである。ここまでお付き合いいただきありがとう」

僕は今度、グレッグのカバンを注文すると思う。

アメリカ人は主張が激しいというが、換言すれば、攻撃的であり、また、アメリカ人のグレッグは気持ちがいいくらい率直なのである。

「お客様は神様です」とか「未来の子供たちのために」とかのオタメゴカシは言わないのだ。すぐにバレる嘘だからだ。お互いに嘘と知っていながら、その嘘の上でビジネスを進めてお互いの利益を引っ張り合いするような面倒くさいプロレスは不要なのだ。

ところが、「お客様は神様」的プロトコルを疑わない人が日本企業には多いから、もしもその中の一人が取引先に対して「それは違うでしょう」と異議を唱えると、日本では何が起こるか。

その人は味方であるはずの同僚や上司から「キ、キミ、なんてことを」などと、「背後から撃たれる」のである。明らかに言われていることがおかしいから「おかしい」と言った時に、その発言の主から「いや、そうではない」と反撃されるなら議論の中で進歩は生まれるが、背中から撃たれると作戦中止をせざるを得ない。

独りで戦おうとすると「大義なき戦」になりそうだから、自ら「撃ちかたやめ!」で一旦撤退することになる。で、あとで味方であるはずの人間に「でも、やっぱりおかしいでしょう」と問い直すと、「おかしいのはわかっているが、言うとカドが立つからな……」などと、状況の改善を放棄する。

だから、日本のビジネス界の悪癖は一向に好転しないまま、ずっとそのままである。そういうのを山ほど見てきたし、幾度も当事者になってきたからわかるのだが、「唐揚げの最後の一つを残しちゃうほど平和を愛する民族性」も困ったものである。

日本のサラリーマンが駅でああまでアラレもなく泥酔してしまうのは、そうやってストレスフルな問題を解決してこなかったことと無関係ではあるまい。しかし、諍いを徹底的に回避してきたからこそ、世界最高水準の治安の中、駅でぐっすり眠れるという変なおまけもある。

メジャーリーグには二〇一四年のシーズンから「チャレンジ」という制度が施行されるようになった。審判の判定に疑義がある場合、監督はチャレンジ、つまり挑戦できるのだ。「それはおかしい！」と挑戦の意思を申し出る。そうすると、ニューヨークにある本部で映像を確認して、改めて裁定が下される。

監督の異議が認められると、チャレンジの権利は残る。しかし、監督が誤っていた場合、その試合で再びチャレンジする権利は与えられない。

テクノロジーの進展に伴い、テニスでも同様の制度がある（一セットにつき三回まで）。これがもっと昔からあれば、マッケンローはあれほど木製ラケットをブチ折らなくても済んだかもしれない。

ビジネス界、もしくは学校でも同じ制度を採用すればいいのにと思う。間違った発言がエライ人の口から出たものだから、みんなおかしいと思いつつもその場はスルーしてしまうことはよくあるだろう。

お客様だろうが、社長だろうが、先生であろうが、神様でないことは明らかなのだから、間違いも犯すし、不当な要求もする。一日中チャレンジばっかりしてくるような、カバン屋のグレッグがブチ切れそうな鬱陶しい人間が出ないように、一日一回（成功すればもう一回）としよう。

「社長、それは間違っています」と言うと、確かにカドが立つ。しかし、「まぁそういった方向で検討しつつ、今後の課題ということで共通の認識を持たせていただき、幅広い視野で状況に対応させていきたいと思います」などと、梅田から難波まで行くのに、JR大阪駅で環状線に乗って、鶴橋で千日前線に乗り換えて行くような回りくどい言い方をしてもなんの意味もないだろう（大阪の人にしかわからない比喩で失礼。いや、大阪の人もわからないかも）。

そういう時は、御堂筋線で一気に行くために、「チャレンジ！」すればいいのではないだろうか。「チャレンジ」という単語が直截すぎるという、あくまでも平和主義者のためには「未来にチャレンジ！」とか「明日のためにもっとずっと！」とかなんとか、誰も反対しないお口にやさしい言葉を企業ごとに考案したらいいだろう。オレは恥ずかしいからイヤだが。

社長「今後、経営の効率化のために、従業員は全員、首元にＩＣチップを埋め込んでもらうことにします」

社員「未来にチャレンジ！」

これなら、社長に挑戦状を叩き付けたことにはならないだろう。あくまでも社の未来のために僭越ながら意見を一つ申し上げます程度のソフトランディングが期待できそうだ。それでも、なんとなくウヤムヤのうちに首元にＩＣチップを埋め込まれることになりそうな予感はする……。

社長「今後、経営の骨太化のために、下請け業者どもをバール状のもので殴打するつもりでブッ叩くように」

社員「明日のためにもっとずっと！　もっとずっとガンガンにブッ叩くようにしか聞こえん。

ダメだ、ダメだ！　もっとずっとガンガンにブッ叩くようにしか聞こえん。

そうだ、意味を曖昧にする常套手段はアルファベット化だ。インポはＥＤ、家庭内暴力はＤＶ、ハゲはＨＡＧＥ、いや違った、ＡＧＡだ。だから、チャレンジは、なんか……「Ｃコール」とかにしたらどうか。

社長「今後、経営の自分ゴト化のために、従業員は私以外を全員管理職とします。よって私にだけは残業代がつきますが、私は常に会社のことを考えていますから業務時間は毎日二十四時間とします」

全員「Ｃコール!!」

ひとまず、いいだろう。ちゃんとした会社なら、社内のＣコールを吸い上げるために「Ｃコール委員会」を立ち上げてその傾向をデータ解析するだろう。

いたずらに何度もＣコールをブチかます不逞社員が現れないように、「Ｃコールをした者は、その経緯と結果と見込まれる利益を、規定の書式に従って作成しＣコール委員会に提出すること」になるだろう。そして、その回数、頻度、内容の把握をより正確にするために、「Ｃコールをする者は三営業日前までに事前申請」する規則ができるだろう。

その事前申請は、事前の「ジ」から取って「Ｇコール」と呼ばれるようになるだろう。やがて、一人の役員が「事前はJじゃないのか」と言い出したのと同時期に、セクハラ委員会からも「Gコールは『自慰行為』と語感が近すぎる」とクレームがつくというダブルパンチを社も看過できず、「Jコール」に改められる。

それでもなお、「Jコール、通称Gコール」もしくは「元Gコール」と社内一般には呼ばれるようになる。

どうでしょう。これがニッポンの組織というものです。どこ委員会に文句を言いに行ったらいいのでしょうか。今日も心の中で叫びましょう。いや、心の中だけに留めましょう。

せーの、

「シーコール‼」（涙声）。

ラブホテル村に行きたくはないのか

以下は、信じられないような実話である。

僕の取引先に○村さん（あえて伏せます）という方がいた。その方からのメールを携帯電話で確認すると、必ずお名前が、

「ラブホテル」村

と表示されるのだ。その○に入る漢字はちょっと珍しいのだが、文字化けというか、変換というのか、その原因は僕にはわからない。

急いでいる時は携帯から返信を打つこともある。その際、ふと疑念がよぎる。

僕の携帯画面に［ラブホテル］村と表示されてるということは、ここから送った返信は、変換されたままの文面で届いてるのではないかとヒヤヒヤするのだ。

「［ラブホテル］村様　いつも大変お世話になっております。お問い合わせの件ですが……」

「誰がラブホテル村様やねん！　なめとんのか！」と。

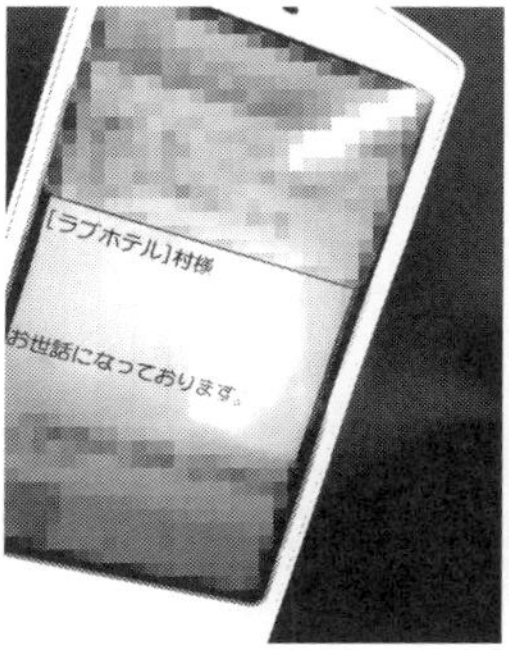

しかも、そのメールにはＣＣで同時に送信する関係者が多いから、○村さんの勤め先でのあだ名が「ラブホテル村」になりはしないかと心配すらしてしまうのだ。「ラブホテル村」はさすが

に長いので、「ラブホ村」になって、最後はなぜか女性職員にまで「ラブちゃん」とか呼ばれるようになる。片岡愛之助か。

ちなみに、ラブホテルといえば、僕の先輩には「なんでも下ネタで喩えるムラタさん（仮名）」というのがいて、電話すると、

「もしもし？　もしもしピエロ？」と出てくる。

関西の人にしかわからんからまぁいいや。ラブホテル村に戻ろう。

懸念を抱いた僕は、同じ仕事に携わる後輩の河口くん（仮名）にメールを送り、事情を説明の上、尋ねてみたのだ。

「君のＰＣでは［ラブホテル］村になってるか？」

僕は河口くんにこういう模範解答を期待した。

「ははは、めっちゃおもろいですね、［ラブホテル］村！　いえ、僕の方ではちゃんと表示されています。が、いっぺん見たいものです」

しかし、彼からの返信はこうだった。

「下記ご連絡いただいた件、私のメールボックスの受信メールを確認しますと、きちんと表示されています。以上、ご報告まで」

マジメか！　ふざけんな！　いやどっちやねん。何が「下記ご連絡いただいた件」じゃ。ラブホテル村の話やないか。むやみに字数を増やすな。何が「ご報告まで」じゃ。無表情か、お前

は。ラブホテル村にいっぺん行ってみたくはないのか。

人それぞれ社風とか暗黙の了解があって、文体も制限があるのかもしれないけど、僕が勤めていた会社にはそんなものはなく、個人の裁量・技量である。

技量というのは、広告の仕事はもはや、メールの往復で交渉したり、依頼したり、問題解決する機会も多いので、そこには技量と呼べるような個人差が表れるのである。未だに「小生」とか書いてくる人もいるしな。あなたの人生が大きいか小さいか、知らんちゅうのに。

それにしても、Eメールというのはここ二十年で急速に普及したから、実に様々な個人差がある。

■堅苦しくて読みにくい人

こういう人に限って、改行や一行空けがないから、読み始めるのにすでにちょっと気合がいる。丁寧なフリして、全く読み手のことに配慮されていない文面である。だから大概、慇懃無礼な物言いになりがちだ。

■一行メールの人

「あの資料ある？」などと、宛名もなく、一行で指図してくる、おっさんに多いタイプだ。これが最低。

「どの資料ですか?」

「プリントでお渡しすればいいですか?」

「明日なら送れますけどいいですか?」

など、結局こちらから問い合わせてメールを何往復もさせなくてはいけないから、余計に時間も労力もかかるのだ。

なんの挨拶も説明もなく、転送メールを送りつけてくるのもこの一派だ。

■文法・語法が間違っている人
「各位様」

「○○部長様」

(目上の人に対して)「了解です」

(僕はなんにも受け取ったわけではない、ただの連絡メールなのに)「ご査収ください」

などなど、一見慇懃なつもりで、実際はあまり何も考えていないことがバレちゃうタイプだ。

良いか悪いか知らないが、僕は個人的にあえてやっていることがいくつかある。

■(所々に)余計な話や冗談を入れる。
「この前おっしゃっていた本読みました/映画観ました/場所に行ってみました。○○と感じま

した」とか、

「では、よい週末を」とか。

　週末も深夜もなく働くことがよいことでも正しいことでもなく、休むことに罪悪感を持つ必要もないのである。

「なんとかなるんちゃいますか」、「そ、そりゃちょぃとキツイかも……」など、わざと砕けた口語・方言を用いるのも、これに近い。たまに、こうやって本音を紛れ込ませることで人との距離を縮められることがある。

　僕の上司なんかは、お得意先へのメールで、何か延々とご説明さしあげた最後に、

「知らんけど」

　と書いていて、かなりの高等技術であった。

■しばらく前に受け取ったメールに返信する時は、ちゃんと下に元のメールが付いているものに打つ。
　これ、たまにしない人が多いので困るのだ。以前の参照先がないと話が食い違ったり、わざわざ元を探して読み返すハメになってしまう。

■箇条書きを多用する。

時間・場所・条件などの他に、論旨にも箇条書きを積極的に使う。

■してもらったことに対し、まずお礼を言う。

外国人からのメールによく、「Thank you for...」で始められているのを見るから、それを取り入れてみたまでなんだけど。

他の仕事は知らないが、電通の仕事は本当にメールの山を捌くことから始まることが多かったので、これが仕事のクオリティの一部のような感慨もある。

まぁ、一番意識的にやるのは最初に挙げた「余計な話を入れる」ことかな……。

個人的な考え方だが、僕は仕事もプライベートも態度を変えずに生きるのが正しいと考えている。正確に言うと、「そのように生きられることが望ましい」。

日常生活の中で演じなくてはいけない役割や、期待される応対はそりゃ様々あるけど、なるべくその幅を小さくするのが人間的な心を保つ秘訣なのではないか。ちょっとアメリカ人みたいで申し訳ないけど。

願わくば、エライ人にも、年下の人にも同じような態度で臨みたいと思っている。これを続けると、目上の人からは生意気な鼻持ちならない人間だと誤解もされるけど、お客さんの前でだけニコニコしてる人や、相手によって態度を変える人をどうにも信用できないのだ。

だったら、無愛想な人の方がむしろマシだ。常に無愛想だったら、逆に安心するもんな。その人を笑わせることができたりしたら、ちょっといいことした気分にすらなる。

みんな、酒飲んだらアホ話、エロ話、マジ話するでしょう。いや、たとえ飲まなくても。

わかってまっせ。

仕事場でものすごい有能な感じでプレゼンしてた人を、後日電車で見かけた時に、スマホで必死にゲームしてたら軽くショック受けるでしょ。そういうことです。みんな人間なんです。フツウにいこうや。

後輩の河口よ、楽しい人生を生きろよ。

「シンドいのお前のせいやないか」

と、タメ口で返されそうや。

ウトゥクシク・ナリタイナ

ある晩、もう二十三時くらいのことだ。

後輩のアートディレクター（ＡＤ）が喫煙室に入ってくるなり、イライラした様子でタバコに火を点けると、大きなため息を一つ吐いた。

「どうした？」

先輩の僕は一応声をかける。

「もうムチャクチャっすよ。ポスター作ってるんですけどね……」

彼はあるお菓子メイカーを担当していた。

「グレープ味新発売のポスターなんですよ。一番上に『グレープ味新発売！』って書いてあるのに、下の方に丸囲いで『ＮＥＷ！　グレープ味新登場』って入れろって、クライアントが言うんですよ。書いてあるやん！　って」

「うん、アホやな」

こんな時間までやっているということは、今日が入稿日で、印刷会社との約束の時間はとっくに過ぎているのだろう。もしかしたら、色校正の段階まで進んでいるのに、色彩や明度とは無関係の修正指示が来たのではないだろうか。

広告業界のデザイナーなら誰でも経験のある腹立ちだろうと思う。

僕はデザイナーではなくコピーライターだが、ポスターや新聞広告など平面グラフィックを制作する際は、文字担当のコピーライターと、デザイン担当のＡＤやデザイナーと組んで仕事をするものなので、憤りは共有している。

彼は日本最高の芸術大学をトップの成績で卒業して入社してきた人間である。ご想像の通り、変わったところのある人間で、少し不遜な性格をしているが、この業界で能力のある人間は大体奇人か不遜か、その両方を兼ね備えているものだ。

僕は会社を辞める時に、仕事仲間からこう言われた。

「ショータさんは電通でやっていくには、心がキレイすぎますよ」

これはもしかしたら、「あなたはここでは通用しない」という意味の婉曲表現なのかもしれない。しかし、心がキレイで、人を疑うことを知らないボクは、褒め言葉として素直に受け取った。

仕方ないじゃねえか、オレを育てた親に言ってくれ。

ＡＤの彼は、おそらく物心ついた頃よりデザイン方面に興味を持ち、スポーツもすることなく、大した遊びにも手を出さず、モテもしない青春時代を送ったことだろう。美術館やアート関連の分厚くて高価な本に耽溺し、デザインの腕を磨いて芸大に入り、セオリーを学び、成績を伸ばし、ｉＭａｃの前や布団の中でデザインとはどういうことなのか考え続け、それで食っていこう、あわよくばそれで何かの役に立とうと思って、就職試験に通り、会社に入ってきたのだ。入ったら入ったで、途方もない実力の上司や先輩がたくさんいて、自分に不安を抱きながら、なんとか成果を出さないと、とプレッシャーを感じて仕事に取り組んできたはずだ。何年か経ってどうにか手応えのようなものを感じつつ、三十歳を迎えた春のこと。どこかの文学部出のおっさんに「『グレープ味新登場！』と同じ平面に重複してレイアウトせよ」と言われる。

怒るわな。

僕は能力はないがただ不遜な人間なので遠慮なく書くと、僕が電通を辞めた理由は、この仕事の構造が、「患者の指示に従って治療を行う医師」のようなものだからだ。そんなものが成立するはずがない。

「手術が必要ですね」

「嫌だ。痛い」

「では、この薬を一日三回飲んでください」

「嫌だ。三回も飲めない」

「では、この強い薬を一回飲んでください」

「嫌だ。ニガい。でも治してや」

「……」

「ほんでな」

「なんでしょう?」

「安せい」

ネットで見た情報で、「デザイナーに最も必要なものとは」という質問に対する現役デザイナーからの答えがこうだった。

「体力」

付け加えるなら、「耐ストレス性」もあるだろう。体を壊す前に心を壊してしまう人間のなんと多いことか。僕は、心はキレイなのだが変に強かったので、精神を病むようなことはなかった。ただそこを去っただけだ。

音楽でもアート作品でも文学でも、世に出たものは批評の対象となって許されるべきである。

この前、友人の小西さん（仮名）と食事をしていて、僕たちはモーターサイクルで来ていたから、ノンアルコールビールを頼んだ。

出てきたパッケージを見て僕はのけ反った。

「何回『ゼロ』、『ノンアルコール』って言うねん！」
いち、に、さん、し……五回だった。しかも、ＰＯＰのように、
「ドライな飲みごたえＵＰ」
「クリーミーな泡！」

とまで缶に印刷されている。

「これ、デザイナー泣かせやなぁ」

「仕方なく、入れさせられた感ありますね……」

僕と、同じ業界の小西さんにはそれがヒシヒシと伝わってくる。デザイナーのため息が聞こえるようだ。

コンビニの限られた棚を奪い合う熾烈な競争は、我々の想像を超えたものなのかもしれない。だから缶がそのままＰＯＰの役割も兼ねる必要があるのだろう。

それはわかった。しかし……。

試しにハイネケンでも、クアーズでも検索してパッケージを見てほしい。美しいから。言い訳ばっかり考えてるサラリーマンみたいな顔つきしていないから。

ウトゥクシイクニ、ニッポン（安倍首相、すみません）。

この国では、デザイナーにはデザイナーとして最高の仕事を求めることはできないのだろうか。

でも、日本においてはハイネケンよりもスーパードライの方が売れるのだから、誰も疑問は持たないのかな。

ん？　グローバル化ってなんだっけ？
※ハイネケンはビール生産量世界三位であるハイネケン社の代表ブランド。二〇一四年の時点で

アサヒは十位。

アサヒ・ドライゼロだけの問題ではない。これは日本の随所にある「ダサさ」の問題だ。

こんなものを飲む人間の気が知れない。

コンビニ店員の声によると、こういうものを買う人のほとんどはすでにデブなのだそうな。そういう何かに頼って楽にヤセようとする心性がデブ特有のものなのだ。

こんなに大きな「特保マーク」を見たことがあるだろうか。特保マークをデザインしたデザイナー本人ですら「エヘヘッ」って照れ笑いするだろう。

「脂肪の吸収を抑え、排出を増加させる」とは、飲む時点でもうウンコのサイズ感について考えながらよく飲めるな、と僕は思うのだ。まず摂取を抑えろよ。

なんでも求めようとする強欲ドリンク。こういうのを飲む人間が、「値引け。安せい。もう一個付けろ。タダで付けろ。ほんで、早く届けろ。送料もタダにせい。指定の時間に一分でも遅れるな」と要求してくる輩なのではないか。

「喰いたい。ガマンしたくない。飲みたい。もっとほしい。なんぼでもほしい。でもヤセたい」と言っているわけなのだから。どうなんだい、このデブ野郎！

……誰に怒っているのかすらわからなくなってきた。

ペプシの名誉のために、力強いこちらも載せておこう。

スーパードライは僕が一番好きなビールの銘柄だ。

大企業に今さら阿《おもね》るつもりはなく、本当にそうなのだ。日本を愛する一人として、ジャパン・プロダクツにはカッコよくあってほしいんだ。

研究するプロ、醸造するプロ、描くプロ、販売するプロ。明日こそは、プロがプロの仕事をできますように……。

ウトゥクシクモかわいくもないくせに

サラリーマンの仕事をドライヴするものは「怒られたくない」という動機であると喝破したのは、元博報堂のネットニュース編集者、中川淳一郎さんである。広告業界のしょーもないエピソードが著書である『夢、死ね！　若者を殺す「自己実現」という嘘』（星海社新書）に書かれていて、業界にいる人間は身につまされすぎて笑えないけど、働く人の全てが大いに頷ける良書である。

僕はある晩、また友人の小西さん（仮名）と飲んでいた。お互いにだいぶ酩酊してきた頃、小西さんに電話がかかってきた。広告業界にいれば、深夜であろうと休日であろうと構わずに電話が来るのは仕方があるまい。小西さんはそれがあたかも昼の二時半頃ででもあるかのように、

「ハイッ！」と電話に出た。

僕はウィスキーの氷をカラカラさせながら待っていた。が、なかなか電話が終わらない。

一本済んだと思ったら、彼はまたどこかへ電話をしている。

それがしばらく続いた。何かトラブルでもあったのだろう。

彼の仕事は短く言えば、広告販促物を作ることだから、「納品日に間に合わない」、「制作物に誤字が見つかる」、「載せるべき情報に変更が生じた」、「試作したモノがうまくいかない」、「追加の依頼があった」などなど、様々な事案が日々発生する。

彼が神妙な顔つきでやっと電話を仕舞ったのを見て、僕は尋ねた。

「大丈夫？　なんかあった？」

小西さんは苦笑いして、

「いや、あの、なんと言うか……」

と言いにくそうにした。

聞けばこうだ。

A社の仕事を請けたB社から発注を請けて、彼は制作物を作り、A社の倉庫にブツを納品した。配送したのは彼からの指示を受けた運送会社のトラックだ。納品が遅れていて、催促の電話でもあったのかと思ったが、違う。

木曜日に納品する予定だったものを、月曜日に配達してしまったのだ。つまり三日早かったのだ。

「ええやんか。何があかんねん」

「いや、ところが、B社の人が言うにはですね……」

A社の倉庫の人が予定にないモノが届いて怒っているかもしれない。だから、配送業者に言って、それを引き取りに行かせ、木曜日にもう一度運べ、ということのようだ。

「配送の人には連絡ついた？」

「ええ、おっちゃんは仕事柄もう寝てましたので、『はぁ？　なんでんのん、それー』言うてました。まぁ当然ですけど」

「そりゃそやろ。引き取る言うても明日になるやん。それをまた翌々日持って行くわけだからアホらしいわな」

「僕も理由が説明できないから『とにかくお願いっ！』しか言えませんでしたわ」

「A社の倉庫は実際困ってたの？」

「いいえ、おっちゃんはフツーに納品したそうです」

ということはだ、B社がA社に電話の一本でもして、

「すみません、三日早い今日届いてしまいました。倉庫の方に問題ないでしょうか？」

と訊けば済みそうな話なのだ。

問題があれば謝って、引き取ればいい。

しかし、人間の常識として普通「早い」場合には、「あぁ、そうですか。まぁ構いませんわ。ごくろうさまでした」で終わる話なのだ。

それをB社の人間が「怒られるのを怖れて」、A社の担当者が気付く前に、倉庫から引き取らせて、何事もなかったように納品し直して、「予定通り納品しました！」と報告したいだけなのだ。

これがええ年こいた大人の仕事か、と呆れるしかない。広告会社のサラリーマンというのはこんなヤツばかりなのだ。

僕にも電通時代には、もっとくだらない話はたくさんあった。が、くだらなすぎて大半は忘れてしまった。そんなことをメモリーに残しておけるほど、僕の脳ミソには空き容量がないのだ。

だから、これを読んだ方は、「いや！　俺の話はもっと酷いぞ」というのを私に送ってこないでください。そりゃあるでしょう、あるでしょうよ。しかし、私は、そういうしょーもなエピ

ソードを奉納して成仏させる宗教施設の人ではありませんので。

僕は電通を辞めてあれやこれやする傍ら、株式会社スナワチで、sunawachi.comという日本の小さなレザーブランドを集めたオンラインストアを運営している。よって、仕事を請ける側から、依頼する機会も持つようになったのである。だから、批判のみではなく、解決策を提示しておこうと思う。

デザイナーに仕事をお願いする時に、僕が気を付けていることはこうだ。

・「僕はこういうことをしようとしています」と、まず意図や背景を伝える。

・「そのためにこういう○○が要ります」と目的を明確にする。

・「見た人にはこういう印象を持ってほしいと思います」と希望を知ってもらう。

・「コンセプトは×××なので、こういう点には気を付けてほしいです」と注意点も想定できる範囲で予め示す。

・自分の好みの参考イメージがあるなら、方向性として見せる。

すると、デザイナーたちは僕の予想を上回るものを作ってみせてくれるのだ。僕はデザイナーではない。だから、デザイナーにデザインの仕事を任せると、ちゃんと成果物を上げてくれる。僕にはどうやったのかわからない方法で成し遂げてくれる。

「プロというのは、素人が『それ、どうやったの?』と思えることをする人のことだ」と言ったのは、先輩の田中泰延《ひろのぶ》氏だ。

僕もそうありたいと常々希求している。

取引相手とは基本的に対等だ。僕は初めに言う。

「僕は僕の希望を勝手に言うから、もしも無理な場合や嫌な時は言ってくださいね」

スナワチ社が取り扱う各レザーブランドからしたら、製品を仕入れてくれる弊社は「おカネを払ってくれる」側だからお客様として扱ってくれるかもしれないけど、僕はそんなふうに扱われたくはない。なぜなら、レザー製品は彼らが一つひとつ手で作り、大量生産ができないため、僕にモノを回してくれるだけでありがたいのだ。

会社員を辞めて、当然カネに困ることはある。不安もたんまりある。しかし、しょーもないストレスは低減したと断言できる。だって、僕と作ってる人が直接話して、YES／NOを即断できるのだから。間に営業もいなければ、物事が決まってから口を出してくる役員もいない。人間が多くなればなるほど、動くカネは大きくなるけど、しょーもな度合は際限なく肥大化する。そういう中で勝ち上がっていける人もいるけど、僕にはチームプレイというものが昔からダメだったのだ……。

僕は広告業界に片足は残している。電通を辞める時に過去の制作物やもらったトロフィーなんかは全部捨ててきたのだけど、たまに心やさしい方が「キミ、面白い。うちのコピー手伝ってくれ」と依頼してくださる。そういう方々も大企業ではないから、直接「いいの悪いの」の決断ができて、話が早い。なかなか決まらない時は、もう営業の交渉力が足りないわけでもないし、上司の判断がおかしいわけでもないので、「オレの力不足だ」と、正直に思える。たまに反省する。前掲の、発注の際の注意点は、「俺はデザイナーとかコピーライターの扱いを間違ってたかも」と思える心ある人に、なんかのヒントになればいいと思う。

仕事を発注する側の人が、少しでもクリエーティブと呼ばれる人たちの能力を活かしてくれるよう計らって依頼し、お互いに気持ちよくおカネをやりとりできるよう導いてくれればいいし、受注する側の人が、あちらの事情や経緯や達成すべき成果に想像力を働かせて、才能を発揮してくれればいいと思う。ストレスではなく、期待という名のプレッシャーを充分に感じて、それを撥ね除ける仕事が為せればいい。

しかし、まぁ、なんというか……。徒労感あるよな。

日本人よ。一切ウトゥクシクモかわいくもないくせに、自分がかわいいおっさんたちよ。寝ている赤帽のおっちゃんを叩き起こしてでも、オノレだけは怒られたくないサラリーマンよ。

なんかオレ、哀しくなってきちゃったので、小西さん、また飲みながらしょーもな話をして、笑わせてくれよな。

終章

不寛容という見えない敵に

コラム『広告業界という無法地帯へ』をブログに書いたら、メディア各社から取材が押し寄せた。新聞社、テレビ局、雑誌社、ウェブサイトなど。この本が刊行されたのも、反響の一つだ。一部、取材をお断りしたり、収録したけど放送されなかったものもあるのだが、なるべく受けようと努めた。

時間を割いた理由は、二〇一六年十月の時点で、電通の社長なり上層部が出てきて堂々と話さない上、現役の社員たちには「フェイスブックに、楽しげにバーベキューしてる姿とかポストするな」とまで指示をするからである。これでは、「鬼十則が悪い」だの「富士登山研修のような体育会系体質」だの、あることないこと報道に言われっぱなしで、この業界の過重労働問題の本質を見誤るからだ。

特にテレビというのは、まだまだ影響力が強いのにもかかわらず、短い時間で一点突破する特集を組みがちなので、誘導的なものになりやすい。

僕は、あるテレビ番組のディレクターに、「いかに電通の業務がしんどかったか」ばかりを訊かれ、訝しんだ。

そこで、彼の目を見て問うてみた。

「僕は、電通の仕事の大変さだけを強調したくてあのコラムを書いたわけではありません。しかし、おたくは、広告主のことをテレビで言えるんですか？」

彼は驚くほど率直に答えた。

「言えません」

テレビというもののビジネスの構造上そうなのである。だって、雑誌や新聞と違い、本業の収益の一〇〇％を広告に依存しているのだから。

「それを作ったのが電通だろう」という批判がすぐに飛んでくるだろう。

そうだ。だからみんな、どんな優れたドラマでも、スポーツ中継でも無料で観られるのだ。吉田秀雄はつくづく偉大であった。

あ、でも、ＮＨＫには受信料を払いましょう。

他によく訊かれたのは、「どうしてあなたは電通を辞めたのですか？」。

理由はいくつかあるが、僕は会社が嫌で嫌で辞めたわけではない。不満の一つや二つはあったけど、恨みは何もない。

ただ、「やりたいことがあって、会社員をしながらできる術がなかった」としか言いようがない。

僕は会社を辞めてから二週間後にカナダに飛び、ひと夏の間カウボーイとして牧場で働いていた。会社には一時休職制度があったから、可能なら利用したい気持ちはないでもなかったが、そここには「社が認めた理由により云々」という一文があった。つまりそれはMBAを取得するために留学するとか、何か今後社業に貢献できる理由が求められたのだ。

「カウボーイ？　それが今後の仕事にどう活きるのですか？」

と総務のおっさんとか役員に問われたなら、いくら屁理屈をこねて難局を切り抜けてきたコピーライターとしても、

「えーと、あのー、そのー、なんて言うか……」

全く何も思い浮かばない自信があった。

しかし、三十五歳くらいで気付いていたのだ（私は二〇一七年一月現在、四十一歳）。「オレもいつか死ぬ。もう人生の半分以上が終わってしまった」という否定し得ない事実に。

会社で能力を十全に発揮してきたかと言われれば、全くそんなことはないのだが、電通での生活も十数年もやれば、もういいだろうと思えた。一度ありついた食い扶持に一生頼らなくてもいいではないか。

今はあれやこれや思うままにやりながら、およそ思い通りには事は運ばず、たまに途方に暮れたりしている。仕方ない。ダメなら僕の責任でしかない。

現代のビジネス社会というのは「失敗が許されない」仕組みになっている。成功するよりも、「失敗しない」ことが重要視されていて、組織で仕事をしていればそれなりの結果がそれなりに得られるようになっているように思う。二重三重に失敗しない防御線が張られていて、冒険は難

しい。

その中でも本当に能力のある人は飛び抜けた成功例を作っていくのだけど、僕のような凡庸な人間は、失敗しない程度の仕事しか成し得なかった。

もちろんそれが組織に守られているということだ。

僕は会社員時代に、「言った言わないのよくあるトラブル」に巻き込まれて、新入社員一人の年収分くらいの損失を会社に負わせてしまったことがある。僕はハラを切る覚悟をして、上司を呼び止めた。

「すみません。こういうわけで、これだけの損失を出してしまいました」

と報告する僕に、彼は即座に反応した。

「わざとか?」

僕は、普段温和な上司からの叱責の言葉と受け止め、一瞬当惑した。

「はい?」

「わざとか?」

彼は繰り返した。

「いいえ。わざとではありません」

「うん、ほな、ええわ」

彼はこれだけ言い残すと、どこか次の用事へと去っていった。

守られていたのだ。前出の花岡先輩（仮名）や、この上司のような人たちに。

少なくとも、僕が知っているかつての電通は、寛容な会社であった。

今、日本のあちこちで問題になっていて、電通の今回の件にも根っこで繋がっている問題に「不寛容さ」がある。

■カネを払うことへの不寛容

誰も彼もが、個人でも企業でも、「可能な限り極限まで、出すカネを少なくしたい」と思っている。しかし、それは自分に支払われるカネも極限まで少ないということも意味するだろう。

相手に正当な金額を払うことが、できるだけ払わないことよりも重要なことなのではないだろうか。そうすれば、払われた彼は欲しかったものを買うだろう。必要なモノの一つグレードの高いものを買うかもしれない。そういう人が増えていけばやがて、自社の製品も高いものを誰かが買ってくれるかもしれない。それが、経済が「回る」ということなのではないのか。

その正当な額をどのように評価・決定するのか。それは自分に基準があるか、ということでもある。たとえば、デザインや文章などの無形なもの。こういったものは安く考えれば「ただの絵やないか」、「文字やないか」と無価値にも思えるかもしれない。日本人は無形なものへの敬意が足りないまま、工業製品（実体物）に重きを置いて、経済活動を推し進めてきたから。そして、原材料費を積み上げてモノの値段を決めてきたから。

僕は個人的には、物を買う時でも、物にカネを払うのではなく、人に払うような気でいる。「これを作った人」や「売るための労力を割いた人」への対価として払う。服なら服で「これ、誰がデザインしたんだろう。この機能、誰が考えたんだろう。このステッチ、手間かかってるなぁ」。こう考えると、自分なりの正当な価格を差し出すことへの心理的負担が軽減しやしないだろうか……。

■不便なことへの不寛容

どこもかしこも二十四時間営業でなくてもいいのではないか。世界の国々の夜はもっと暗いぞ。正月は静かでいいのではないか。すぐに届けられなくてもいいではないか。それ、今すぐ必要なのか。時間通り配達されなくても、そりゃ渋滞もあれば荷物が多い日もあるかもしれないではないか。

確かに、日本の製品は便利にできていて、サービスは痒いところに手が届いている。素晴らしい国、国民だと思う。

ちょっとしたアイデアや工夫を生み出す努力は長所として残していけばいいのだけど、「人数と気合さえあれば実現できるサービス」に驀進《ばくしん》しすぎてはいまいか。しかも、それらを無料でやりすぎているのではないか。

人口が減少していく中、もうその人数も、気合のある若い働き手もいないということに気付かなくてはいけない。

人数と気合でやっているうちに、日本企業はアップル、アマゾン、スターバックス、イケアなど、独自の哲学と方法に知恵を絞ってきた外国企業に世界市場で主役の座を奪われてきた。それらグローバル企業を好きか嫌いかにかかわらず、彼らの価値の大きな部分は、無形なものにあるということも忘れてはいけないと思う。

前述の「自分の基準」はここでも適合できて、「他社がやっているから」とかはどうでもいい。「うちの会社はこうなんです」という独自性が評価されるといい。

「他社様のことは知りませんが、我が社の規模や方針、能力、そして従業員の幸福に照らし合わせると、そのサービスは現時点では不要と結論します」

株主って誰なのか。株主総会でしょーもない質問をしてくる人には、このように言ってくれよ、全国の立派な会社の社長。ちゃんとコミュニケーションすれば、捨てる神あれば拾う神もあるだろうに。

■他者のミスへの不寛容

僕にも、レストランで食べ物に髪の毛が入っていた経験はある。そんな時どうするかというと、「髪の毛を取り除いて食べる」。

いや、ラーメンにロレックスが入っていたら問題だよ。その時は店の人に言うかもしれない。

あと、指とか。しかし、髪の毛はあり得ないことではないし、そないに汚いものでもない（個人差があります）。

普段もっとすごいところを喜々として、または義務としておクチに入れているくせに、文字通り「どの口が言うか」だ。

電鉄会社のミスですらないのかもしれないが、電車が遅れる時など、常に遅刻をするワタシは、「やった！　遅刻の理由ができた」くらいに思っている。最近は電車に乗っていると、「電車が二分遅れております。お詫び申し上げます」と、やたら「二分」を強調した口調でアナウンスが入る。異常だよね。

■他人の成功や僥倖への不寛容

ここまで来ると、アタマの正常度合と心の健康具合を疑った方がいい。

嫉妬は、英語で言うと「shit」です（ウソです）。

何者でもない私が、エラソーに述べてしまったが、キレイゴトに基づいた夢想をしてみたまでだ。問題は根深く、複雑で、もはや空想するしか気分が晴れなくなってしまったのだ。

僕自身は決して寛容な人間ではない。松竹梅があれば、大概「竹」を選んでしまう小さい男でもある。我が身はかわいい。ヒゲとか生えてるけど、めちゃくちゃかわいい。常にニコニコしているタイプの人間ではない。体重差三倍の営業を、刺し殺したろかと本気で考えた酷い人間だ。

いつも何かに怒っているようなしょーもないおっさんだ。嬉しい時には素直にそれを表現できないくせに、クソ野郎にはクソ野郎なりの応対を直截にする。

ただ、僕も世の中を腐らせてきた責任の一端を担うのであろう人間として、あなたご自身はどうであったか、いっぺん問うてみてほしいと思った次第だ。

ご寛恕を請う。

カッコよかった男たち

僕への取材依頼のメールの中に一本、名古屋の見ず知らずの方からのものも混じっていた。

彼は、現在は小さな広告代理店に勤めているが、以前は制作会社でコピーライターをしていたという。その頃に一緒に仕事をした多くの電通人に、社会人として働く基本を教わったと思っているそうで、育ての親のように感じているのだという。

「少なくとも過去の電通中部支社にも、ステキな方がいらっしゃいました。外部のプロダクションの人間にもそう思わせるほどに。そのことをただお伝えしたかった」

と語られ、僕に感謝を述べられた。

そう、素敵なやつら、カッコよかった男たちが電通にもいた。

ビジネスの世界はキレイごとだけでは済まない。書類送検された電通には多くの問題が積み残されていることもわかってる。嫌なやつがいることもここで散々書いてきた。単なる電通一社における長時間労働の問題以上に、事は複雑で広範なことも、ここまでお読みいただいた賢明な読者の皆さんにはおわかりいただけたかと思う。

最終項に、僕や僕の元同僚たちのそばにいた、カッコよかった男たちのことを書いておきたいと思う。報道に晒された電通の、社としての一連の対応は徹底的にカッコ悪かった。

書類送検という鉄槌が下るまでトップが姿を見せず、とにかく嵐が過ぎ去るのを待つように息を潜め、社員には箝口令を敷いて、メディアにコメントをした社員を処罰した。事件に関することではなく、仕事における過去の経験の情報提供を元同僚たちに求めた僕についてすらも、「ハフィントンポストやメディアにおいて発言を繰り返している前田が、本を書いているらしい。社を誹謗する内容は看過できない。協力はしないように」とのお達しが、ある営業局では発せられたという。被害妄想に陥っているとしか僕には思えない。

そうして頬かむりを決め込んだ間、ネット上では好きなように誹謗をされたし、長時間労働にさえフタをすれば問題が解決するかのような、矮小化された対策が講じられてきた。

電通の上層部こそ、「先手先手で」、「八方に気を配り」、「摩擦を怖れて」はいけなかったのではなかったか。鬼十則はどうしたのだ。

卓越したコミュニケーションを標榜してきた、日本を代表する広告会社としてはあまりにもお粗末だったと言わざるを得ない。これは誹謗ではない。評価だ。

そして、僕はそれを残念に思う。哀しさすら感じている。なぜなら、僕は電通で社会人としてのキャリアをスタートしたことを誇りに思っているし、カッコいい男たちと心やさしい女たちに何度も助けられて働いてきたし、金額では表すことができないたくさんのものを与えられてきたからだ。過去に戻れたとしても、電通以外の会社で会社員をすることなどしたくないし、何十社という会社に出入りしてきて、お得意の中にもカッコいい人物はいたけれど、「この会社は素敵だなぁ。こういう会社で働きたい」を思えた会社は一つもなかった。

次に書く彼らの一部はまだそこで働いているし、一部はもうそこを去った。

■花岡さん（仮名）

「お前は仕事覚えるよりもまず、大阪を好きになれ」と、若かった僕をデートに行かせた花岡さんは、新入社員が後輩につくとたまに説教をする。しかしそれは、罵倒するとか恫喝するとかではなく、まず彼は新人を会議室に呼ぶ。花岡さんが後輩を呼び入れる会議室は「花岡部室」と言ってもいい。

「ちょっと来い」

と、ボソッと言われるのが、僕にとっては恐怖であった。花岡さんと取り組んだプレゼンを首尾よく終えたと思って意気揚々と帰ってきたつもりであっても、突然呼ばれて、

「お前、お得意の前で足組んでたろ。アレあかんで」

「たとえ目の前に灰皿を出されても、お前みたいなぺーぺーが吸うたらあかん」

「プレゼン資料の八ページ目、お前漢字の読み方まちごうとったで」

と指摘を受ける。僕は一部理不尽だと思いながらも、花岡さんの言うことなら「はい」と聞いたし、それを以後守った。

彼については、僕の後輩の北村くん（仮名）も「僕にもありました」と話した。北村くんも、しょっちゅう部屋に呼ばれていたそうで、「比喩ではなく、本当に汗かいて震えていました」という。

「でも、僕が二年目になった時にこう言われました。『一年間ようがんばったと思う。これからは俺は何も言わん。その代わり、お前が一年間で覚えたことを後輩に教えてやれ』と。僕は違う意味で、震えました」

■中村さん（仮名）

北村くんはこんな話もした。中村さんという先輩のことだ。中村さんは、花岡さんのさらに先輩にあたる。

「僕が二年目の冬ですが、その頃は中村さんのことが怖くて苦手でした。でもある晩、なぜか飲みに連れて行ってもらう機会がありました。その時はある有名な女子アナウンサーが一緒で、今にして思えば、おそらく二人きりにならないように僕を同席させたのだと思います。

中村さんはニコニコと楽しそうに飲むのですが、一つだけアドバイスを受けました。『かしこ（関西弁で〈賢い人〉の意味）のふりをしたらあかん。俺たちの仕事はそんな高尚なもんちゃうから、エリートぶるな。人様に面白がってもろたり、楽しんでもらうには、自分たちがアホにならなあかん。講釈垂れの話など誰も聞きたない』」

北村くんだって、電通に入社してある種のエリート意識はあったし、スマートに見られたいと演じる気持ちもあったと言う。しかし、そんなことは中村さんにはお見通しなんだと胸を突かれた気がして、カッコつけることを戒めた。

彼は今でも、自分のおかんでもわかる企画を書き、自分が面白いと思うことをそのまま伝えられるプレゼンを心掛けて働いている。

■チューリョーさん（愛称）

この人は営業だったのだが、すでに世を去っているので昔の話だ。企業の広告予算は、年度末に余りそうなことがわかると、駆け込み需要的に広告会社に投入されることがある。彼は担当するお得意さんから呼び出され、「かくかくしかじかなので、何か予算を使える手はないか」と相談を受けた。

普通なら喜んで頂戴し、何か適当な企画を社内のスタッフに書かせる場面だ。だが、彼はこう言ってお断りしてしまった。

「広告費というのは戦略に基づいた年間の予定を立てて使うものです。余ったから何かやるというのはダメです」

もしかしたら、春休みに家族旅行の予定でも入れていて面倒くさかっただけかもしれない。当然話は博報堂に持って行かれる。

後日、顔見知りである博報堂の営業からお礼の電話があったそうだ。

彼は僕に言った。

「俺たちは、博報堂を潰したいのではない。彼らにも生活がある。家族がいる。共存共栄しなくてはいけないんだ。『だけど、電通にちょっとだけ多く仕事ちょうだい♡』ってだけで」

■幸田さん（仮名）

僕は残業の途中で、夜の十時くらいにラーメン屋で食べていた。L字型のカウンターの端で幸田さんも食べているのが見えた。あまり会話をしたことのある先輩ではなかったが、僕は目で会釈をした。

彼が先に食べ終わり「おつかれさん」とだけ言って出て行った。そののちに僕も箸を置き、勘定をしようとすると、店員さんが「さっきの方がもう済ませましたよ」と言う。

僕は携帯電話を扱うのももどかしく、彼の番号を探した。

「先ほどは、ありがとうございました。ごちそうになってすみません！」

幸田さんは「おお」だけ言うと、一瞬おいて続けた。

「……カッコよかったやろ？」

僕が笑うと、彼はこう言った。

「君も後輩ができたら、この手使って」

僕がその後、この手をマネたことは言うまでもない。実際、僕は入社して二年くらいは昼メシ代を払ったことなどほとんどなかった。花岡さんら先輩が「昼メシ行くで」と声をかけてくれた時について行けば、必ずおごってくれた。

配属されてまず初めの部長が、右も左もわからなければ、この局がどういう仕事をしているところなのかもわかっていない僕に、「各部の部長を毎日一人ずつ捕まえて、昼メシをおごってもらうように」と言い付けた。そういう気遣いのある会社だった。

■田中さん

十数年が経ち、僕が会社を辞める時には、毎晩社内外の人たちが送別会を開いてくれて、退職日の半月前には全平日が埋まり、辞めてからも送別の席のためだけにしばらく夜は約束が続くような日々であった。僕の好みをよく吟味してくれた様々な送別の品をいただき嬉しかった。

田中さんら数人と飲んだ時、彼はイケアの青い大きな袋を持って来ていた。散会して、駅までの道を一緒に歩いていると、おもむろにその場で袋を僕に差し出した。

「ショーちゃん、家で開けて」

僕は驚いた。お店でみんなの前で渡さずに、なぜここで……。

帰宅後に袋を開けてみると、ケースの中に一眼レフのカメラとレンズ一式が入っていた。さらに説明書と、彼が作成したレンズ一本一本についての解説資料があった。

「まずこのレンズから使い方を覚えるといい」

「このレンズはこういう時に使うといい」

そして、手紙もあった。内容は男同士の秘密だから明かすことはできないが、これだけは書いてもいいだろう。

「もしカネに困ったら、これら一式を売ればいい。二十万円くらいにはなるだろう」

電通には、少なくともかつて、カッコいい男たちがいた。

途方もなく仕事ができる人、考えるスケールがでかい人、なんでも知っていて、訊けば喜んで教えてくれる人、どこに行っても人を笑わせる人、黙っていてもモテる人、所属している会社に分け隔てなく、人に力を貸してくれる人……。

会社という組織は、その建物が表すものではない。名称とか、年収とか、誰かが決めたランキングで決まるものでもない。製品がある会社なら、それが一部は担うだろう。しかし、広告会社の場合は、人である。それしかないことは、一介の平社員から上層部までわかっていることだろう。

僕は電通という、この巨大で、一風変わっていて、長い時間と変わりゆくビジネス社会の奔流の中で、重大な何かを誤ってしまった会社が、それに気付いてくれることを願う。電通を含む、広告に携わる全ての企業の中で働く人たちが、今回の不祥事を通じて炙り出された自らの異常性を自覚してくれることを願う。

カッコよかった男たちが、女たちが、またそうあることが許される日が来ることを願わずにいられない。

最後に、今、職場で苦しんでいる人たちに、僭越ながら、僕からお伝えしたい。本当は、僕とは三ヶ月間しか在籍期間が重ならなかった、当時新入社員のあの人に言いたいのだが残念ながらそれは叶わない。だから、代わりと言ってはナンだけど、「私のことかも」とお思いになるなら、聞いてほしい。

その会社でどうしてもしたいことがあるなら、そこでがんばるのも道だ。しかし、嫌だ、ここは違う、と思うなら、出て行くのが生きる道である。活き活きと生きている自分を具体的にイメージして、そうなれるためにはどうすればいいのか、本を読んで調べ、人と会って独自のネットワークを作り、一歩を踏み出してほしい。

オフィスで今日もカタカタとパソコンを打っているだけでは、SNSに愚痴を書き込むだけでは、何も変わらないんだ。誰も、あなたの望むようなかたちに世界を変えてはくれないんだ。

嬉しい時は笑え。ムカついたら怒れ。哀しい時は独りで泣け。助けてほしい時は、差し伸べられた手を握れ。

厳しさを増す一方のこの社会においては、あなたが人間らしく振る舞わないと、人として扱われないんだぞ。

おわりに

「これから電通はどうしていけばいいと思いますか？」

と取材者から質問されることが何度かあったのだが、それは知らんがな。なんで電通からカネももらっていない私が、そんなことを考えてさしあげなくてはならないのだ。それこそ上層部のアタマのいい人たちが、その報酬に見合うよう熟考するべきことだろう。

ただ、私が理想を述べるなら、電通が導入している、社員の勤務時間と勤務内容をデータ化して、掛けた時間と上げた利益をヒモ付けして照らし合わせることができる勤務登録システムを、クライアントを評価することに使うことはできるはずだ。

つまり、社員に対して「この仕事にこれだけの時間を使いながら、これだけの利益しか出ていないではないか」と見える化することを、クライアント側にも「これだけ社員の時間を使っていながら、これだけの利益しか提供してもらっていない」と転用できるということだ（ちなみに、そういう可視化が可能というだけで、社員個人に対しては生んだ利益額の多寡を追及されるようなことはなかった）。そして、それを用いてクライアントをAからFまで評価付けする。

A　利益も高い上、電通の評価に繋がる面白い仕事にともに取り組んでくれる。

B　さして面白い仕事はないが、利益が高いし、関係は良好。

C　利益は高くないが、社員がやる気になるような面白い仕事をオファーしてくれる。
D　面白くもない上に、利益も出ていない。
F　カネ払いも違法スレスレな上、担当する社員が次々に精神を病む。
Fの企業とは縁を切る。Dの企業は今後Fに落ちるのか、Cに上がるのか、マネジメントが注視する。これが、社内のパワハラ対策やマネジメント強化に加えて、電通がすべきことの一つであると思う。

私は大学をアメリカで出たのだが、学期の最後には学生が教授を評価する時間があった。アンケート用紙が配られ、記入する間、教授は教室を出る。とてもフェアなシステムだと思った。企業間でも当然そうあっていいと思うのだ。「お得意様に対してそんなことをしていたら、会社が立ち行かない」という会社もあるだろうが、電通には国内だけで六千社以上のクライアントがある。七千人の社員を守るつもりがあるなら、するべきことなのだ。

もういくつか電通に対して提言したいことはあるが、一般の読者にはどうでもいいことであろうし、電通からしても元平社員が何をエラソーにと思うだけだと思うので控えよう……。

この本は、広告業界の理不尽やおかしさを知ってもらうために、時に冗談を交えて書いた。指摘したようなおかしなところが、今後一つでも改善されていけばいい。が、同時に、どの業界にも共通する、ビジネス社会の息苦しさはそう簡単には改められることはないだろうと思う。

だからこそ、笑うしかないのだ。怒ったり泣いたりもある。何かに耐えて、心を病んで、それでも正されないことは今後もいくらでもあるだろう。そこで笑おう。笑いにしよう。笑って働こう。そして、自分の周りから少しずつ変えていこう。私はこのように思う。

現代米文学の巨匠、コーマック・マッカーシーの作品に『ザ・ロード』（ハヤカワｅｐｉ文庫）というものがある。おそらく核戦争によって荒廃したのであろう、寒冷化していく世界を、一人の父親が幼い息子の手を引いて歩く。生存している者の多くは、略奪と弱い者の奴隷化で生き延び、人肉すら食糧にしている。

そんな地獄のような極限に身を置いても、父親は息子に「我々は火を運んでいるんだ。心の中に火を保て」と諭す。そして、少しでも暖かいであろう南を目指して歩き続ける。

私が無法地帯と表現した広告業界は、そこまで酷いところではないが、なんの身体的危険があるわけでもないのにもかかわらず、人命が失われてきたことは事実。

我々が心に持てる火とは、すなわちユーモアなのだと私は思う。

コラム『広告業界という無法地帯へ』をＳＮＳで拡散してくださった見ず知らずの皆さん、取材に足を運んでくださった記者やジャーナリストの方々、私にこれを書く機会をくださった毎日新聞出版の山口敦雄、潟永秀一郎の両氏に、心から感謝を申し上げる。

なお、文中では一部の方の敬称を略したことをお許しいただきたい。

平成二十九年一月十六日　前田将多

[著者紹介]
前田将多（まえだ・しょうた）

コラムニスト／株式会社スナワチ代表。1975年生まれ。米国ウェスタン・ケンタッキー大学を卒業して帰国後、法政大学大学院に進学し、一度は学究の道を目指すも、自分の頭があんまりよくなかったことに気付き中退。

2001年、株式会社電通に入社。関西支社に配属され、ふてくされた感じで行ったのに、水が合いそのまま関西に定住。主にコピーライターとして勤務し、電通のインドネシア拠点での勤務も経験した。2015年に株式会社電通を退職し、カナダの牧場でカウボーイとしてひと夏働いた。

Twitter : @monthly_shota

広告業界《こうこくぎょうかい》という無法地帯《むほうちたい》へ
ダイジョーブか、みんな？

印刷　2017年2月20日
発行　2017年3月 5 日

著　者　前田将多《まえだしょうた》
発行人　黒川昭良
発行所　毎日新聞出版
〒102-0074
東京都千代田区九段南 1-6-17 千代田会館 5 階
営業本部　03-6265-6941
図書第二編集部　03-6265-6746

印刷・製本　中央精版

ISBN978-4-620-32439-5

JASRAC 出 1701086-701